Peter Michel • Die großen Weg-Weiser
Krishnamurti

Peter Michel

DIE GROSSEN WEG-WEISER

KRISHNAMURTI

Aquamarin Verlag

Voglherd 1 • D-85567 Grafing
1. Auflage 1999

Umschlaggestaltung: Annette Wagner
Druck: Ebner Ulm

ISBN 3-89427-122-1

INHALT

Vorwort 7

Teil 1 • Das Leben
I. Die Entdeckung 11
II. Die Berufung 13
III. Messias oder Weltlehrer 17
IV. Die Entsagung 27
V. Die Verwandlung 31
VI. Neue Wege 33
VII. Das Geheimnis 37
VIII. Der Tod 41

Teil 2 • Die Lehre
IX. Religion 45
X. Gesellschaft 49
XI. Erkenntnis 55
XII. Evolution 61
XIII. Angst 65
XIV. Freiheit 69
XV. Liebe 75
XVI. Mystik 83

Bibliographie 98

VORWORT

Das 20.Jahrhundert war, unabhängig von allen tragischen politischen Verwirrungen, ein Jahrhundert des geistigen Aufbruchs. Noch nie zuvor in der Geschichte der Menschheit stand der Allgemeinheit ein so umfassendes geistiges Wissen zur Verfügung, und noch nie zuvor gab es eine solche Anzahl erleuchteter Lehrer und Weiser aus Ost und West. Ihr Verdienst wird es bleiben, den oft zitierten „Paradigmenwechsel" entscheidend beeinflußt zu haben. Ihr Leben und ihre Lehre war Vorbild und wird Vorbild bleiben für zahlreiche Generationen.

Um ihre außergewöhnlichen Lebenswege nachzuzeichnen und ihre grundlegenden Gedanken zu bewahren, soll ihnen in der Reihe „Die großen Weg-Weiser" ein literarisches Denkmal gesetzt werden. Ein Denkmal, das allerdings nicht zur Bewunderung und Anbetung dienen soll, sondern eher zur Orientierung. Gemäß der alten östlichen Weisheit: „Ein wahrer Guru ist wie ein Wegweiser. Du liest seine Botschaft und gehst weiter. Wer wollte so unsinnig sein und den Wegweiser anbeten?"

Der Weltbürger Krishnamurti, geboren 1895 in Indien, erlebte das 20.Jahrhundert nahezu vollständig, ehe er 1986 in Kalifornien seinen physischen Körper verließ.

Wer war er, und was ist seine bleibende Botschaft?

TEIL 1

DAS LEBEN

I.
DIE ENTDECKUNG

Krishnamurti wurde am 12.Mai 1895 in Madanapalle geboren, einem kleinen Ort in der südindischen Provinz Andhra Pradesh. Bereits am kommenden Tag erstellte einer der bekanntesten Astrologen der Gegend sein Horoskop und verkündete Krishnamurtis Vater eine große Zukunft für seinen Sohn. Bereits vor Krishnamurtis Geburt hatte seine Mutter die Vorahnung gehabt, ihr achtes Kind (auch Sri Krishna war das achte Kind) werde ein außergewöhnliches Wesen sein. Sie sollte sich nicht getäuscht haben.

Krishnamurti wuchs in einfachen, aber liebevollen Verhältnissen heran, die allerdings durch den frühen Tod der Mutter einen schmerzhaften Einschnitt erfuhren. Der Vater suchte nach neuen Wegen und fand eine Anstellung auf dem Gelände der Theosophischen Gesellschaft in Adyar. Dort sollte es zu der für Krishnamurti schicksalhaften Begegnung mit Charles W. Leadbeater kommen.

Leadbeater war einer der leitenden Theosophen einer Gesellschaft, die sich schon im 19.Jahrhundert für den interreligiösen Dialog einsetzte und am Beginn des 20.Jahrhunderts fest davon überzeugt war, es würde schon bald ein bedeutender neuer spiritueller Lehrer auftreten - ein „Weltlehrer". Als Leadbeater den jungen Krishnamurti am Strand von Adyar zum ersten Mal erblickte, erschaute er mit seinem inneren Auge eine reine, völlig selbstlose Seele, in der er den neuen „Weltlehrer“ zu erkennen glaubte. Unabhängig von allen menschlichen Schwächen und Wunschträumen, die in der Frühzeit der Theosophischen Gesellschaft eine Rolle gespielt haben mögen, kann kein Zweifel daran bestehen, daß Leadbeater von Anfang an die geistige Größe Krishnamurtis richtig einschätzte und ihn in den folgenden Jahren, so gut er es vermochte, auf seine kommenden Aufgaben vorzubereiten trachtete.

Eines der ersten Zeugnisse über die außergewöhnliche Ausstrahlung des jungen Krishnamurti findet sich in einem Dokument von P.G. Wodehouse, der sich über den Krishnamurti des Jahres 1910 notierte. „Was uns besonders auffiel, war seine Natürlichkeit. Es war keine Spur von Angabe oder Affektiertheit an ihm. Sein Wesen war immer noch zurückhaltend, bescheiden und ehrerbietig den Älteren gegenüber und höflich zu allen. Er zeigte jenen, die er mochte, lebhafte Zuneigung, was einmalig reizvoll war. Er schien sich seiner 'okkulten' Position ganz unbewußt zu sein. Niemals spielte er darauf an. ... Eine andere Eigenschaft war seine aufrichtige Selbstlosigkeit. Er schien nicht im geringsten von sich selber eingenommen.“[1] Diese außergewöhnliche Selbstlosigkeit sollte Krishnamurti sein Leben lang auszeichnen. Immer legte er großes Gewicht darauf, die Lehre zu beachten und seine Person dabei unberücksichtigt zu lassen.

II.
DIE BERUFUNG

Im Mai des Jahres 1909 hatte Leadbeater Krishnamurti am Strand von Adyar entdeckt und bereits unmittelbar darauf seinen Sekretär Ernest Wood wissen lassen, Krishnamurti sei das auserwählte „Vehikel“ für den Herrn Maitreya, den Inspirator des kommenden Weltlehrers. Offensichtlich konnte sich Leadbeater aber nicht vorstellen, daß bereits der Knabe Krishnamurti Gegenstand öffentlichen Interesses werden sollte. Er ging anscheinend davon aus, daß Krishnamurti noch längere Zeit im Verborgenen ausgebildet werden würde, bevor er seine Aufgabe in der Öffentlichkeit antreten sollte. Daher sah Leadbeater sich veranlaßt, Krishnamurtis erstes kleines literarisches Werk (*Zu Füßen des Meisters*) unter dem Pseudonym „Alcyone“ zu veröffentlichen.

Krishnamurti stand in diesen Jahren in einem lebhaften Dialog mit seinem Meister und den Wesen der inneren Welten. Zudem gibt es aus jener Epoche eine Reihe interessanter Begebenheiten um den jungen ‘Auserwählten’. So legte Krishnamurti eines Nachts eines der ersten, druckfrischen Exemplare von „Zu Füßen des Meisters“ unter sein Kopfkissen. Sein Englischlehrer verschloß von außen seine Schlafstätte so mit einem Moskitonetz, daß sie nicht von Krishnamurti selbst wieder in der gleichen Weise umhüllt werden konnte. Um 5 Uhr am Morgen weckte er Krishnamurti, öffnete das Moskitonetz, und sie stellten fest, daß das kleine blaue Buch verschwunden war. Man nahm an, sein Meister habe es an sich genommen.

Beeindruckender noch als diese kleinen 'okkulten' Episoden sind die mystischen Erfahrungen jener, die mit dem jungen Krishnamurti zusammentrafen. Diese für viele Menschen beängstigenden Begegnungen mit einer gewaltigen, unbekannten Energie hinterließen bei allen tiefe seelische Prägungen. Die Engländerin Emily Lutyens, neben Annie Besant, der Präsidentin der Theosophischen Gesellschaft, seine zweite mütterliche Mentorin, überliefert eine solche Begebenheit. „Es ist sehr schwierig, diese außergewöhnliche und verzaubernde Atmosphäre jener Abende zu vermitteln. Obwohl ich in keiner Weise über mediale Fähigkeiten verfüge, fühlte ich eindrücklich die Atmosphäre der Meister und war nicht im geringsten überrascht, als Krishnamurti bei verschiedenen Anlässen mitteilte, der Herr Maitreya sei selbst anwesend. Die Atmosphäre begann sich nach 15 Uhr zu verändern. Es war, als sei sie mit einer gewaltigen Kraft aufgeladen, die sich im Verlauf seiner Meditation noch verstärkte und über eine Stunde anhielt. Dann verschwand sie allmählich, eine wundervolle Aura des Friedens zurücklassend."[2]

Die Erfahrungen im Umfeld des jungen Krishnamurti sind genau dokumentiert worden; und sie zeigen, auf welche einzigartige Weise er die Menschen bewegte und im Innersten anrührte.

Der erste wichtige 'esoterische' Schritt im Leben Krishnamurtis ereignete sich am 11.Januar 1910. Die astrologischen Konstellationen für diesen Tag waren von theosophischer Seite als außergewöhnlich angesehen worden. Krishnamurti zog sich mit Leadbeater für sechsunddreißig Stunden in die Räumlichkeiten von Annie Besant zurück. Über diese Zeit in einer 'geistigen Welt' ist viel spekuliert worden, unbestrittene Tatsache sind jedoch die Photos des jungen Krishnamurti am Morgen nach seiner mutmaßlichen ersten „Einweihung". Es ist selbst von kritischen Kommentatoren zugestanden worden, daß die Bilder einen Menschen von einzigartiger Schönheit und vergeistigter Strahlkraft zeigen. Was auch immer sich in jenen Stunden des Januars 1910 ereignet haben mag, es muß die Berührung mit einer höheren Wirklichkeit stattgefunden haben, anders läßt sich die offen-sichtliche Verwandlung des unscheinbaren Hindu-Knaben in jene Gestalt verklärter Herrlichkeit nicht verstehen.

In diesem Zusammenhang soll auf eine scheinbar unbedeutende Episode im Oktober des Jahres 1984 hingewiesen werden, dem Abend vor der Ermordung Indira Gandhis, die eng mit Krishnamurti befreundet war und ihn am nächsten Tag treffen wollte. Krishnamurti befand sich in Indien, im Haus seiner Biographin Pupul Jayakar, die bereits einen größeren Teil seiner Lebensgeschichte verfaßt hatte. Krishnamurti bat sie, ihm daraus vorzulesen. Die ebenfalls anwesende Amerikanerin Mary Zimbalist begann, die Abschnitte über Geburt und frühe Kindheit zu lesen. Dann löste Pupul Jayakar sie ab. Über das weitere Geschehen berichtete sie: „Krishnaji hatte die ganze Zeit still zugehört, bis ich zu der Stelle über Alcyone kam. Ich hatte geschrieben, „Alcyone" bedeute „Besänftiger des Sturmes". Er unterbrach mich: „Nein, es bedeutete 'der hellste Stern der Plejaden'!" Während ich mit dem Lesen fortfuhr, schien das Zimmer auf einmal lebendig zu werden, so als sei plötzlich ein „Wesen" im Raum und lausche. Nach einer Weile wurde diese „Präsenz" so stark spürbar, daß ich unwillkürlich aufhörte zu lesen. Krishnaji wandte sich zu mir: „Spürst Du es? Ich spüre den Wunsch, mich zu verneigen." Er zitterte, als er über die „Wesenheit" sprach, die uns zuhörte. „Ja, ich kann mich vor dem, was hier ist, verneigen." Plötzlich wandte er sich ab, erhob sich und ging allein in sein Zimmer."[3] Es drängt sich beim sorgfältigen Studium von Krishnamurtis Leben der Eindruck auf, als ob der ganz junge und der ganz alte Krishnamurti den erleuchteten Wesenheiten einer höheren Realität besonders nahe gekommen sei.

Die Jahre zwischen 1910 und 1920 waren geprägt von starken seelischen Schwankungen Krishnamurtis, sowohl im ganz persönlichen Bereich wie auch in Fragen seiner geistigen Mission. Bezeichnend sind die Tage mit Freunden in Paris, im Jahre 1920. Dort äußert er einerseits Zweifel an den Aussagen von Annie Besant und Leadbeater, sieht sich andererseits aber mit eigenen tief-mystischen Erfahrungen konfrontiert, die auch seiner Umwelt nicht verborgen bleiben. Er findet in dieser Zeit noch nicht zu einer eigenen inneren Ausrichtung und Sprache, sondern bewegt sich zwischen dem überlieferten Gedankengut der Theosophie und einem radikalen Neubeginn.

Erst 1922 scheint sich dann verstärkt wieder eine Verbindung zur Welt der Meister ergeben zu haben. Er schreibt an Emily Lutyens: „Ich bin dabei, meine alte Verbindung zu den Meistern zurück zu erlangen und schließlich ist das und sonst nichts das einzige, was zählt im Leben."[4]

Trotzdem begann sich in dieser Zeit ein Wandel abzuzeichnen. Krishnamurti reifte von der Rolle des Messias nach Vorstellung der Theosophen zu einem „Weltlehrer" eigener Bestimmung.

III.
MESSIAS ODER WELTLEHRER

Am 11.Januar 1911 wurde, auf Initiative von George Arundale, einem führenden Theosophen, der „Orden der aufgehenden Sonne“ (Order of the Rising Sun) gegründet. Er sollte unter seinem Dach alle jene versammeln, die auf das Kommen eines neuen großen Lehrers warteten. Wenige Monate später nahm sich Annie Besant dieser Organisation an, änderte den Namen in „Orden des Sterns im Osten“ (Order of the Star in the East) und bat Krishnamurti, die Leitung zu übernehmen. Zum Erwerb der Mitgliedschaft genügte die Unterschrift unter eine Erklärung von sechs Leitgedanken:

1) Der Glaube an das Kommen eines großen Lehrers und der Wunsch, ein Leben der Vorbereitung auf dieses Geschehen zu führen.
2) Den kommenden Lehrer stets im Bewußtsein zu halten und aus dieser Einstellung heraus zu leben.
3) Einen Teil der täglichen Zeit der Vorbereitung des „Kommens“ zu widmen.
4) Die Eigenschaften der Hingabe, Standhaftigkeit und Güte zu entwickeln.
5) Den Tag beginnen und beenden mit der Bitte um Seinen Segen.
6) Die Zusammenarbeit mit jenen zu suchen, die man als seine geistigen Leiter anerkennt.[5]

Mit dem „Sternenorden“ war ein Instrument entwickelt

worden, um dem kommenden neuen Lehrer eine Form zu schaffen. Es war eine Zeit messianischer Erwartung; doch es sollte vierzehn Jahre dauern, bis sich die erste öffentliche Manifestation der Verbindung Krishnamurtis mit dem „Maitreya“ ereignete.

Am 28. Dezember 1925 hielt Krishnamurti in Adyar einen Vortrag anläßlich der Zusammenkunft des „Sternenordens“. Im Verlauf seiner Rede veränderte sich plötzlich sein Tonfall, und er wechselte von der dritten in die erste Person. Sprach er bis dahin vom „Weltlehrer“ immer als „er wird kommen“, so hieß es nun erstmals „ich komme“.[6] Von diesem Augenblick an gingen die Theosophen davon aus, das „Kommen“ habe begonnen. Annie Besant schilderte ein Gespräch zwischen ihr und Krishnamurti im unmittelbaren Anschluß an das Geschehen: „Dann begab sich Krishnaji zu seinem Sitz. Ich fragte ihn später, ob er wüßte, was er gesagt hatte, er erwiderte: „Nein.“ Ich fragte ihn, was er empfände; er sagte, er habe das Gefühl, als ob er aus einem Traum erwache; er sei ganz betäubt. Und das ist eine genaue Beschreibung dessen, was sich wirklich zugetragen hatte.“[7]

Die aufschlußreichsten Hinweise zu den Ereignissen der zwanziger Jahre finden sich in den Ausführungen Geoffrey Hodsons. Hodson war ein junger Theosoph, der, so hatte es den Anschein, über eine bemerkenswerte Hellsichtigkeit verfügte. Hodsons Bericht über das Treffen des „Sternenordens“, im August 1927 in Ommen, gibt einen eindrucksvollen Einblick in die bemerkenswerten Geschehnisse jener Tage, wobei Hodson die Gestalt des Maitreya mit dem kosmischen Christus identifiziert.

„Während Krishnamurti spricht, senkt sich der Geist Christi wie eine kollektive Inspiration in die Herzen und das

Bewußtsein aller Anwesenden. Näher und näher kommt er, in einer ringförmigen Wolke goldenen Lichtes. Sie schwebt über unseren Köpfen, sinkt langsam und sanft weiter herab, wie warmer Sommerregen, bis wir allmählich alle von ihrer Schönheit, ihrem Frieden und einer alles verzehrenden Liebe umfangen werden.

Die Stimme schweigt.

Nacht für Nacht, wenn die Stimme verstummt, geschieht ein Wunder. Zweitausendsiebenhundert Menschen verharren in völliger Stille. In dieser Stille enthüllt sich dem inneren Auge das „Lichtfeuer allen Lichtes". Die Gestalt des Herrn erscheint über dem Kopf Krishnajis. Die Stille wird noch tiefer. Wir sind geborgen in seiner Umarmung, erfüllt mit Sanftheit und Mitgefühl, während er näherkommt."[8] Hodson, ein überaus angesehener theosophischer Autor, betrachtete die Geschehnisse jener Zeit als „unvergeßlich"; sie galten ihm als einzigartige Höhepunkte spirituellen Erlebens. Zahlreiche seiner Erinnerungen und Empfindungen aus jenen Tagen faßte er in einem Manuskript unter dem Titel „The Unforgettable Years" zusammen, konnte sich aber nie entschließen, es zur Veröffentlichung freizugeben. Auch die nach seinem Tode von seiner Frau veröffentlichten Tagebuchaufzeichnungen sparen diese Epoche aus.

Im Gespräche drückte Hodson jedoch seine feste Überzeugung aus, es habe seitens der Meister den festen Plan zu dem „Experiment" der Überschattung Krishnamurtis gegeben, und Leadbeater habe ausschließlich das öffentlich zum Ausdruck gebracht, was ihm seitens der Meister übermittelt worden sei. Warum das Experiment, nach Hodsons Ansicht, letztlich - in gewisser Weise - fehlgeschlagen sei, habe verschiedene Gründe. Hodson nennt vor allem Vorgänge im Umfeld der Theosophischen Gesellschaft, die Krishnamurti verletzt hatten, sowie die extreme nervliche Anspannung, unter der Krishnamurti in den Augenblicken der „Überschattung" litt.

Eigenartigerweise sah sich Krishnamurti selbst in den späten zwanziger Jahren in stärkerem Maße als „Weltlehrer" - aus seiner eigenen Verwirklichung heraus - als die Theosophen, deren Messias-Ideal er doch über viele Jahre hinweg innerlich und äußerlich zurückgewiesen hatte. Es bleiben in diesem Zusammenhang sicher offene Fragen, die aber vielleicht in den Hintergrund treten gegenüber den Berührungen und Verwandlungen, die sein Auftreten auslöste. Drei Ereignisse aus den Jahren 1911, 1925 und 1928 mögen verdeutlichen, welche Kräfte sich im Umfeld Krishnamurtis manifestierten.

Das erste Geschehnis fand am 28. Dezember des Jahres 1911 statt, als Krishnamurti öffentlich Urkunden an Mitglieder ausgab. Leadbeater, der selbst Augenzeuge war, berichtete: „Durch den Saal flutete aber plötzlich ein ungeheurer Kraftstrom, der so spürbar von Krishna ausging, daß das nächste Mitglied, überwältigt von dieser wunderbaren Woge, ihm zu Füßen fiel. Ich habe niemals etwas auch nur im geringsten Ähnliches erlebt, man mußte unwillkürlich an den mächtig brausenden Wind bei der Ausgießung des Heiligen Geistes zu Pfingsten denken. Die Spannung war unerhört, alle im Saal Anwesenden waren ganz stark bewegt. Es war so, wie wir es aus den alten Büchern kannten und als übertrieben empfunden hatten. Hier aber, im 20.Jahrhundert, geschah es vor unseren eigenen Augen. ... Ich habe auf dem Gebiet der Esoterik vieles gesehen, aber niemals auf dem physischen Plan ein solches Ausströmen von Energie, noch irgend etwas Vergleichbares, das alle Menschen, die versammelt waren, so tief berührte."[9]

Der „großen Erfahrung" Krishnamurtis, im Sommer des Jahres 1922, wohnten nur drei Personen bei. Krishnamurtis Bruder Nitya, A.P.Warrington und Rosalind Williams. In einem bewegenden Brief vom 17. August 1922 berichtete Nitya von den dramatischen Ereignisse an A.Besant und C.W. Leadbeater. Krishnamurti war durch einen langen, schmerzhaften Transformationsprozeß gegangen. Eines Abends saß er meditierend unter einem jungen Pfefferbaum, im Zentrum der Theosophischen Gesellschaft in Ojai, während Rosalind, Nitya und Warrington den versunkenen Krishnamurti aus einigen Schritten Entfernung beobachteten. Dann geschah folgendes: „Der Ort schien von der Gegenwart einer großen Wesenheit erfüllt zu sein, und mich überkam ein starkes Verlangen, auf die Knie zu fallen und zu beten; denn ich wußte, daß der Große Herr, dem unser aller Herzen gehören, selber erschienen war; und obgleich wir ihn nicht sahen, fühlten wir doch alle Seine Gegenwart. Dann wurden Rosalind die Augen geöffnet, und sie sah. Ihr Gesicht verwandelte sich, wie ich es noch nie zuvor erlebt hatte."[10] Es dauerte viele Jahre, ehe diese Ereignisse, die hier nur sehr verkürzt zitiert werden, dokumentiert und der Öffentlichkeit in allen Einzelheiten zugänglich gemacht wurden, zu heilig war allen Beteiligten und denen, die darum wußten, das Geschehene. Von diesem Augenblick an ging von Krishnamurti eine noch intensivere Ausstrahlung aus.

Die dritte Schilderung stammt von einer Augenzeugin der „Überschattung" Krishnamurtis im Dezember des Jahres 1925. Es handelt sich um die Aufzeichnungen einer Holländerin namens Dijkgraf. Sie überlieferte das Folgende: „Plötzlich wußte ich, daß die Worte, die ich hörte, jene des Meisters waren. Ich kann es nicht genau ausdrücken, aber ich fühlte es als heilige Gegenwart in meinem Herzen, die die ganze Atmosphäre erfüllte und alles Unwirkliche verschwinden ließ. Für einen Augenblick stand mein ganzes Universum still ... Ich schaute auf und blickte in das sanfte Gesicht Krishnamurtis. Ich konnte keine physische Veränderung beobachten, aber nie zuvor schaute ich eine größere Liebe zur Menschheit, als aus seinen Augen hervorleuchtete.“[11]

Diese drei Berichte, von drei gänzlich verschiedenen Persönlichkeiten, die in sich zudem die Erfahrungen zahlreicher weiterer Augenzeugen beinhalten, zeigen eindrücklich, welche gewaltigen geistigen Kräfte oder Wesenheiten auf den Krishnamurti der ‘messianischen Epoche’ einwirkten. Dabei kann es sich nicht in allen Fällen um Selbsttäuschung gehandelt haben, dazu waren die Einwirkungen einer höheren Wirklichkeit zu machtvoll. Welche Veränderungen auch immer im Krishnamurti der Jahre nach 1930 vorgegangen sein mögen, in den ersten dreißig bis fünfunddreißig Jahren seines Lebens offenbarte sich in ihm, durch ihn und um ihn eine Sphäre des Heiligen, eine Welt vergöttlichter Wesenheiten. Es geschahen Offenbarungen, die alle transformierten, die in Krishnamurtis Kraftfeld eintraten.

Es gibt keinen Zweifel, daß Krishnamurti selbst durch die in ihn einströmende Energie tief berührt wurde. Nach den Ereignissen des August 1922 schreibt er an Leadbeater: „Ich empfinde, daß ich wieder in Fühlung mit Herrn Maitreya und dem Meister bin, und für mich gilt nun nichts anderes, als IHNEN zu dienen. Mein ganzes bewußtes Leben auf der physischen Ebene ist diesem Werk gewidmet, und das wird sich kaum ändern."[12] Zur gleichen Zeit drückt er sich in einem Brief an Annie Besant voller Poesie aus: „Nichts würde mehr sein wie zuvor. Ich hatte von den klaren, reinen Wassern der Quelle des Lebens getrunken, und meine Seele hatte Frieden gefunden. Ich werde nie mehr dürsten, nie mehr in völliger Dunkelheit wandeln. Ich habe das Licht gesehen. Ich habe die allumfassende Liebe gespürt, die alle Not und alles Leiden heilt. Es ist nicht für mich selbst, es ist für die Welt. Ich habe auf dem Gipfel des Berges gestanden und die mächtigen Wesen gesehen. Ich kann nie wieder in absolute Dunkelheit zurückfallen; ich habe das herrliche und heilende Licht gesehen. Die Wahrheit der Quelle hat sich mir offenbart und die Dunkelheit zerstreut. Die Liebe in all ihrer Herrlichkeit hat mich trunken gemacht; mein Herz kann sich nie wieder verschließen. Ich habe von der Quelle der Freude und ewigen Schönheit getrunken. Ich bin trunken von Gott!"[13]

Die Ereignisse und spirituellen Prozesse in den ersten dreißig Lebensjahren Krishnamurtis schienen alle Vorhersagen Leadbeaters zu bestätigen. Es sprach alles dafür, in Krishnamurti das Werkzeug des Maitreya oder einer anderen hohen geistigen Wesenheit zu sehen. Doch die Dinge nahmen eine andere Wendung. Zwischen 1925 und 1927 vollzog sich in Krishnamurti eine Veränderung, die ihn von der vorgeprägten Messias-Rolle weg, hin zu einem neu interpretierten Selbstverständnis als „Weltlehrer" führte.

Krishnamurti selbst versuchte, in mehreren Interviews auf seine Messias-Rolle angesprochen, eine eigene Interpretation seiner Aufgabe und seines Verständnisses als „Weltlehrer" zu liefern. Er bezeichnete sich selbst erstmals 1927 als „Weltlehrer", in einer bemerkenswerten Rede des Sommer-Camps des „Sternenordens" im holländischen Eerde. „Ich habe niemals gesagt: Ich bin der Weltlehrer, aber jetzt, da ich fühle, daß ich mit meinem Geliebten eins bin, sage ich es, - nicht um Euch mit meiner Autorität zu beeindrucken, nicht um Euch von meiner Größe oder der des Weltlehrers oder selbst von der Schönheit des Lebens zu überzeugen, sondern nur, um in Euren Herzen und Euren Köpfen das Verlangen zu wecken, nach der Wahrheit zu suchen. ... Ich bin wie die Blume, die ihren Duft der Morgenluft schenkt. Es ist ihr gleichgültig, wer gerade vorübergeht. ... Es bringt nichts, wenn Ihr mich fragt, wer der Geliebte ist. Wozu nützt eine Erklärung? Denn Ihr werdet den Geliebten nicht verstehen, bis Ihr nicht selber fähig seid, ihn in jedem Tier, in jedem Grashalm und in jedem Leidenden, in jedem Individuum zu sehen."[14] Im Fortgang dieser bewegenden Ansprache ergänzte er noch seine Darlegungen über die Quelle des Lebens und seine eigene Verwirklichung. „Ich bin überzeugt von der Existenz eines ewigen LEBENS, das die Quelle und das Ziel bildet und doch selbst ohne Anfang und Ende ist. Nur in diesem LEBEN liegt die Erfüllung. Und jeder, der dieses LEBEN verwirklicht, findet den Schlüssel zur grenzenlosen Wahrheit. Dieses LEBEN ist für alle da. In dieses LEBEN sind Buddha und Christus eingekehrt. Aus meinem Gesichtspunkt habe ich es erreicht, bin ich in dieses LEBEN eingetreten. Dieses LEBEN besitzt keine Form, so wie Wahrheit keine Form, keine Begrenzung besitzt. Zu diesem LEBEN muß jeder zurückkehren."[15]

In den beiden folgenden Jahren (1928/29) rückte Krishnamurti noch deutlicher von der ursprünglichen Messias-Rolle ab, suchte den traditionellen Hintergrund, den theosophischen oder klassisch-religiösen Kosmos, zugunsten eines eher unpersönlichen Absoluten zu verschieben. Krishnamurti wollte einen neuen Weg beschreiten, um seine innere Erfahrung zu kommunizieren, ohne alte Raster zu verwenden und alten Denkmustern Tribut zu zollen. Die traditionellen religiösen Wege schienen ihm für das geistige Streben jedes einzelnen Individuums eher hinderlich als förderlich zu sein. Vor dem Hintergrund dieser Entwicklung schien es fast zwangsläufig, daß die Differenzen mit der Theosophischen Gesellschaft und ihrem damals doch recht starren Weltbild unüberbrückbar wurden.

IV.
DIE ENTSAGUNG

Im Jahr 1925 kam es für Krishnamurti zu zwei einschneidenden Erfahrungen. Zum einen starb, entgegen allen Erwartungen und Zusicherungen seitens der theosophischen Führer, sein Bruder Nitya, zum anderen kam es innerhalb der Gesellschaft im holländischen Huizen zu einer Art 'Einweihungshysterie', die Krishnamurti zutiefst verabscheute und die er als Entweihung ihm heiliger Dinge und Namen erachtete. Überaus deutlich kommt dies in einem Brief an Leadbeater zum Ausdruck, der Krishnamurti in vielen seiner Kritikpunkte zustimmte. „Wedgwood verteilt ringsumher Einweihungen ... Sehr bald werden Einweihungen und geheiligte Dinge Gegenstand von Späßen sein. ... ich glaube an alles so felsenfest, daß es mich weinen macht, diese geheiligten Dinge in den Schmutz gezogen zu sehen."[16] Hier lag für den empfindsamen, feinfühligen Krishnamurti ein Schlüsselerlebnis für seinen späteren Bruch mit der Theosophischen Gesellschaft und die Wahl einer neuen Sprache und neuer Inhalte.

Die Entwicklungen innerhalb der Theosophischen Gesellschaft und der dramatische Einschnitt durch den Tod seines überaus geliebten Bruders leiteten den Anfang der Trennung von seiner alten Lebenswelt ein. In Gesprächen des Jahres 1927 wies Krishnamurti immer wieder darauf hin, daß er es ablehnte, als „spirituelle Autorität" behandelt zu werden. Er wollte, wie er es einmal drastisch formulierte, anderen nicht als geistige „Krücke" dienen. Diese radikale Zurückweisung der Rolle eines Gurus hinderte ihn jedoch nicht, im Mai 1929 im holländischen Ommen zu verkünden: „Ich sage jetzt, und ich sage es ohne Eigendünkel, mit dem rechten Verständnis, aus klarem Geist und reinem Herzen, daß ich diese leuchtende Flamme bin, die von der Herrlichkeit des Lebens kündet. Diese Flamme, zu der alle Menschen kommen müssen, jeder einzelne, die ganze Welt."[17] In diesen Sätzen läßt sich, wie anhand zahlloser ähnlicher Aussagen, die merkwürdige Spannung zwischen dem Menschen Krishnamurti, in seiner radikalen Ablehnung der Guru-Rolle, und der Betonung der außerordentlichen Bedeutsamkeit der Lehre erkennen. Diese Tendenz setzte sich während seines ganzen Lebens fort.

Am Morgen des 3. August 1929 zog Krishnamurti den endgültigen Schlußstrich unter einen denkwürdigen Abschnitt seines Lebens - löste er den „Sternenorden" auf. Jene bemerkenswerte Rede vom 3. August ist oft zitiert worden, doch sollen an dieser Stelle noch einmal die markantesten Sätze angeführt werden.

„Die Wahrheit, die weder Grenzen noch Bedingungen kennt und zu der kein Weg führt, ist nicht organisierbar, und es sollten auch keine Organisationen gebildet werden, um die Menschen auf einen bestimmten Weg zu leiten oder zu zwingen. Erst wenn Sie das verstanden haben, werden Sie einsehen, wie unmöglich es ist, Glauben zu organisieren. Ein Glaube ist eine rein individuelle Angelegenheit, die Sie weder organisieren können noch dürfen. Wenn Sie das verstanden haben, werden Sie einsehen, wie unmöglich es ist, Glauben zu organisieren. Wenn Sie das dennoch tun, erstarrt der Glaube und stirbt ab, wird zu einem Bekenntnis, einer Sekte, einer Religion, die anderen Menschen aufgezwungen wird.

... Auch haben Sie die Vorstellung, daß nur gewisse Menschen den Schlüssel zum Himmelreich der Glückseligkeit besitzen. Keiner hat ihn. Keiner hat das Vorrecht, diesen Schlüssel zu besitzen. Dieser Schlüssel befindet sich in Ihrem eigenen Inneren. In der Entwicklung, Reinigung und Unbestechlichkeit Ihres Inneren liegt allein das Himmelreich der Ewigkeit. ... Mein einziges Anliegen ist es, die Menschen absolut und bedingungslos zu befreien."[18]

Die Auflösung des Ordens und die Entsagung einer Messias-Rolle, die er nicht als ihm gemäß empfand, stellt ein Zeichen von Größe dar, die es im religiösen Bereich nicht häufig gegeben hat. Diese Handlung leuchtet gleich einem kristallklaren Symbol über der Wesenheit Krishnamurti, Zeichen seiner absoluten Aufrichtigkeit, Ehrlichkeit und Lauterkeit. Nur eine Seele, die wahrhaft überwunden hatte, konnte diese Kraft aufbringen, alle Bindungen (und Annehmlichkeiten!) der Vergangenheit zu durchtrennen und auf neuen Wegen zu gehen - frei und aus der Quelle der Liebe lebend.

V.
DIE VERWANDLUNG

Die Lebensausrichtung und die 'Philosophie' Krishnamurtis veränderten sich nach der Auflösung des „Sternenordens“ nicht über Nacht. Die innere Befreiung war nur durch einen äußeren Akt dokumentiert worden.

Bedauerlicherweise kam es in den Jahren nach 1929 und speziell nach dem Tod von Annie Besant und Charles W. Leadbeater, im September 1933 bzw. März 1934, zu unerfreulichen Auseinandersetzungen zwischen Krishnamurti und den damaligen führenden Repräsentanten der Theosophischen Gesellschaft, wobei beide Seiten in der Wortwahl nicht zimperlich waren. Krishnamurti sah, zumindest in den Jahren unmittelbar nach der Trennung, im Weltbild der Theosophie den Aufbau von „Krücken“, die er für eher schädlich als nützlich hielt. Leider dauerte es zu lange, ehe beide Seiten wieder die eigentliche Bedeutung des anderen respektierten und die tiefe innere Verbundenheit erkannten.

Erst in seinen letzten Lebensjahren entwickelte Krishnamurti wieder ein Gespür für die ursprüngliche Intention der Theosophischen Gesellschaft und ihrer großen Persönlichkeiten. Ein Begebenheit aus dem Jahre 1981 mag dies dokumentieren. Im Gespräch mit Pupul Jayakar meditierte Krishnamurti über die Theosophie, um dann nachdenklich zu sagen: „Ich glaube, es existiert da eine Kraft, mit der die Theosophen in Berührung gekommen waren; aber sie versuchten, sie zu konkretisieren, zu definieren. Sie waren mit etwas in

Kontakt gekommen und versuchten dann, das Unfaßbare in ihre Sprache und Symbolik zu übersetzen. Dadurch verloren sie es. Dieses Gefühl begleitete mich mein ganzes Leben hindurch.“[19]

In den Jahren der Wandlung Krishnamurtis, vom theosophischen Messias zum Lehrer eigener Prägung, war jedoch weniger von gegenseitigem Verständnis als von Abgrenzung die Rede, wobei die Grenzlinien radikaler von Krishnamurti gezogen wurden. Viele seiner ehemaligen Weggefährten, darunter engste Freunde wie Emily Lutyens, verstanden ihn schlicht nicht mehr. Ihr alter, vertrauter Kosmos war unter den Schlägen Krishnamurtis zusammengebrochen, den neuen Himmel, aus dem heraus er sprach, vermochten sie nicht zu sehen. So entstand in dieser Übergangszeit viel Leid, ein Leid, das vielleicht mit mehr Behutsamkeit zu vermeiden gewesen wäre.

Faßt man die ganze Lebensgeschichte Krishnamurtis ins Auge, so läßt sich feststellen, daß der Krishnamurti der Wandlungs-Jahre viel radikaler von Transformation sprach als der Krishnamurti der siebziger und achtziger Jahre. Offensichtlich gewann er mit den Jahren ein verändertes Verständnis über die Dauer des evolutiven (spirituellen) Prozesses.

VI.
NEUE WEGE

Die späten dreißiger Jahre waren von einer Phase des Aufbruchs und Neuanfangs geprägt. Die alten Bindungen waren zum großen Teil zerbrochen, neue mußten geknüpft werden. Allmählich stellten sich die neuen Weggefährten ein, doch es dauerte bis in die Nachkriegszeit, ehe ein äußerlich sichtbarer und Wirkungen zeigender neuer Abschnitt in Krishnamurtis Leben begann.

Die Kriegsjahre verbrachte er in weitgehender Zurückgezogenheit in Kalifornien, wo trotz seiner unmißverständlich artikulierten pazifistischen Grundhaltung sein Visum immer wieder verlängert wurde.

In Indien fand er nach dem zweiten Weltkrieg neue Freunde, die ihn von einer tieferen spirituellen Ebene her zu verstehen schienen als die Europäer. Hinzu kamen in den siebziger Jahren eine ganze Reihe avantgardistischer Naturwissenschaftler, repräsentiert durch Personen wie David Bohm, Rupert Sheldrake, Jonas Salk, Maurice Wilkins und andere. Doch stieß er nach einiger Zeit in den Diskussionen mit diesen aufgeschlossenen Wissenschaftlern immer wieder an einen gewissen Endpunkt. Die Diskussionen bewegten sich, vor allem seitens seiner Gesprächspartner, weitgehend auf einer intellektuellen Ebene, während er aus dem Bewußtsein eines Erleuchteten heraus sprach. Die Kluft war nicht zu überbrükken.

Es zählt zu den besonders eigenartigen Phänomenen in Krishnamurtis Leben, daß er, mit Ausnahme des Dalai Lama, keinerlei Kontakte zu Vertretern der esoterischen Tradition hatte. Möglicherweise schloß sich Krishnamurti durch seine manchmal den Kern der Intention verfehlenden Attacken gegen die esoterische Tradition von Menschen ab, die ihn wahrscheinlich besser verstanden hätten als jene, mit denen er lange, oft fruchtlose Gespräche führte. Man muß sich nur einmal die stundenlangen Aufzeichnungen seiner Gespräche mit dem Psychologen Shainberg anschauen, um zu erkennen, daß hier ein Sehender auf einen Blinden einredet!

1929 hatte Krishnamurti den „Sternenorden" aufgelöst; 1968 gründete er die „Krishnamurti Foundation". Er war zu dem Entschluß gelangt, daß ein organisatorischer Rahmen für sein Wirken unerläßlich war. In der Gründungsurkunde heißt es: „...die Krishnamurti Foundation ist eine neue Organisation, ohne die psychologischen Bindungen und Abhängigkeiten, die solche Organisationen hervorbringen. Es ist von großer Wichtigkeit, sich dies in allen Arbeiten, die wir zusammen durchführen, ins Bewußtsein zu rufen. Kooperation ist notwendig, aber die häßliche und brutale Seite von Organisationen hat in dem, was wir zu verwirklichen versuchen, nichts zu suchen. Es gibt viel zu tun, was in der Vergangenheit noch nicht getan wurde. Mindestens einmal im Jahr sollten wir uns zusammensetzen und freundschaftlich alle Dinge besprechen, unsere Probleme zum Ausdruck bringen und sie gemeinsam lösen."[20]

Die Krishnamurti Foundation wurde als Ergebnis jahrelanger heftiger Auseinandersetzungen mit der Krishnamurti Writings Inc. (KWINC) ins Leben gerufen, die sich weitgehend selbständig gemacht hatte und eher gegen Krishnamurtis Interessen arbeitete. Auch Krishnamurti mußte häufig schmerzhaft erkennen, daß die allgemeinen menschlichen Schwächen, wie Neid, Eifersucht, Ehrgeiz und ähnliches, auch in seiner Umgebung wuchsen und sich ausbreiteten. Es gab in allen Projekten jede Menge Konflikte.

Wenn man rückblickend auf die Vorgänge schaut, so scheint es kaum einen Unterschied zwischen den menschlichen Schwachpunkten im „Sternenorden" und in den später von Krishnamurti selbst gegründeten Organisationen gegeben zu haben. Diese Einsicht muß auch ihn selbst bewogen haben, kurz vor seinem Tod ein Memorandum für die Krishnamurti Foundation zu verfassen. Darin heißt es: „Unter keinen Umständen wird sich die Foundation noch irgendeine Institution unter ihrer Schirmherrschaft oder eines ihrer Mitglieder als Autorität in Hinsicht auf die Lehren von Krishnamurti ausgeben. Dies geschieht in Übereinstimmung mit Krishnamurtis Erklärung, daß sich niemals irgendwo jemand als Autorität für Krishnamurti oder seine Lehre aufspielen darf."[21]

Man mag sich fragen, warum sich Krishnamurti, angesichts des Unverständnisses, auf das er so oft stieß, nicht einfach zurückzog und seinem alten Wunsch nachgab, Sannyasin zu werden und der Welt zu entsagen. Er gab selbst, 1980 in England, die schönste Antwort darauf: „Was für ein Motiv hat Krishnamurti? Ich meine, wenn man etwas Wahres und Schönes sieht, dann möchte man es anderen Menschen aus Zuneigung, aus Mitleid, aus Liebe mitteilen. Und wenn es welche gibt, die kein Interesse daran haben, ist das auch in Ordnung. Aber jene, die daran interessiert sind, können sich vielleicht treffen. Können Sie eine Blume fragen, warum sie wächst, warum sie duftet? Aus demselben Grund hält der Sprecher Reden.“[22]

VII.
DAS GEHEIMNIS

Krishnamurti läßt sich, aufgrund der Fülle seiner Aspekte, in seinem Wesen kaum ganz erfassen. Auch jene Menschen, die jahrzehntelang an seiner Seite gegangen waren, standen oft vor einem Rätsel, wenn sie sich mit den schwer begreiflichen Vorgängen um seine Person befaßten.

Krishnamurti war von Jugend an ein begnadeter Heiler. Er konnte seine Hände auflegen und bei den erkrankten Menschen nicht nur eine körperliche Heilung auslösen, sondern gleichzeitig eine seelische Transformation, was er als weitaus wichtiger erachtete. Trotzdem gibt es keinerlei umfassende Ausführungen von ihm über das Phänomen der Geistheilung.

Krishnamurti war sein Leben lang hellsichtig, trotzdem wird der Leser seiner Vorträge und Schriften vergeblich suchen, dort irgendwelche erklärenden Hinweise zu diesem Themenbereich zu finden. Er interessierte ihn nicht, wies ihn sogar bis zu einem gewissen Grad zurück. Eine kleine Anekdote vermag dies zu belegen. Emily Lutyens erinnerte sich: „Eines Tages saß ich mit Krishnamurti in den Wäldern von Shanklin, als er zu mir sagte: „Siehst Du diese kleine Elfe?“ - die ich natürlich nicht sah. Er beschrieb mir ein kleines Elfenwesen, das umherhüpfte, und schien erstaunt zu sein, daß ich es nicht auch erschaute. Er war zweifellos medial, machte aber keine große Geschichte davon und schlug auch kein Kapital daraus. Für ihn war dies nur eine von vielen Fähigkeiten, wie eine Gesangsbegabung, ohne besondere Bedeutung."[23] Krishnamurti scheint kein Gefühl dafür gehabt zu haben, daß es anderen Menschen als eine Quelle der Inspiration diente, mehr von den Welten „hinter dem Schleier" zu erfahren, die noch nicht vor dem eigenen inneren Augen aufscheinen konnten.

Nach seiner Trennung von der Theosophischen Gesellschaft sprach Krishnamurti niemals mehr in der Öffentlichkeit über die „Meister der Weisheit". Über die Gründe kann man nur mutmaßen; aber der Gedanke liegt nahe, daß er ihre Heiligkeit nicht entweihen wollte, wie er es von anderer Seite so schmerzvoll erfahren hatte.

Es kann jedoch kein Zweifel daran bestehen, daß Krishnamurti Zeit seines Lebens in Kontakt mit der höheren Wirklichkeit dieser Wesen gestanden hat. In zahlreichen Erinnerungen beschreiben Menschen aus seinem Freundeskreis, wie sie selbst Augenzeugen solcher Begegnungen wurden, in denen eine „machtvolle Gegenwart" oder ein „ehrfurchtgebietendes Wesen" anwesend war.

Diese Wesen aus einer höheren Welt begleiteten und beschützten Krishnamurti sein Leben lang - und er war sich dessen in vollem Umfang bewußt. Sie begleiteten ihn auch durch viele, oft leidvolle Stunden einer inneren Transformation, die später „der Prozeß" genannt werden sollte. In diesen Stunden der Verwandlung, die mit einiger Wahrscheinlichkeit ein äußerst intensives Aufsteigen von Kundalini darstellten, wurde das Bewußtsein Krishnamurtis bis in die Zellen transformiert. Aus allen diesen Prozessen ging er jedesmal klarer und wissender hervor. Ein neues, noch helleres Licht hatte sich ihm offenbart.

Krishnamurti äußerte sich über die Kraft oder die Wesenheiten, die sein Leben lenkten und behüteten, nur mit größter Zurückhaltung. In der Regel sprach er nur von einem „es“ oder einem „etwas“.

„Da ist etwas. Viel zu groß, um in Worte gekleidet zu werden. Es gibt sozusagen ein gewaltiges Reservoir, daß - falls der menschliche Geist es zu erreichen vermag - etwas enthüllen kann, das keine intellektuelle Mythologie, Erfindung oder Dogma je enthüllen kann. ... Es ist da, aber Ihr könnt nicht zu ihm gelangen, Ihr könnt es nicht einladen. Es ist keine allmähliche Verwirklichung. Es gibt da etwas, aber das Gehirn kann es nicht begreifen.“[24] Mit geradezu schokkierender Offenheit machte er diese Begrenztheit der Amerikanerin Mary Zimbalist deutlich, jenem Menschen, der ihm in den letzten Jahren seines Lebens nahegestanden hatte wie kein zweiter. „Ich werde nicht plötzlich sterben, ich bin bei guter Gesundheit, mein Herz - alles ist in Ordnung. Es ist jemand anders, der darüber bestimmt. Ich kann darüber nicht sprechen. Man erlaubt es mir nicht, verstehst Du? Es ist viel ernster. Es gibt Dinge, von denen Du nichts weißt. Außerordentliches, und ich kann es Dir nicht sagen. Es ist schwer, ein Gehirn wie dieses zu finden, und solange es der Körper schafft, muß er weitermachen, bis Etwas sagt - genug.“[25]

Erst in seinen letzten Lebensjahren offenbarte Krishnamurti mit aller Konsequenz, wie unauflöslich dieses „Etwas“ mit seinem Körper verbunden war. So entstand neun Tage vor seinem Tod diese so ungeheuer schwerwiegende Aussage: „Viele Jahrhunderte lang werdet Ihr keinen solchen Körper finden oder diese höchste Intelligenz, die in einem Körper wirkt. Ihr werdet sie nicht mehr sehen. Wenn er geht, geht sie mit. Von jenem Bewußtsein, von jenem Zustand bleibt kein Bewußtsein zurück. Sie werden alle vorgeben oder versuchen sich vorzustellen, daß sie damit in Verbindung kommen können. Vielleicht gelingt es ihnen irgendwie, falls sie nach der Lehre leben. Aber niemand hat es bis jetzt getan. Niemand."[26]

Diese Sätze erschütterten die Mitglieder aller Stiftungen, und die Inder und Amerikaner hätten ihre Veröffentlichung lieber verhindert. Die Engländer standen jedoch auf dem Standpunkt, den Mary Lutyens auch in ihrer Biographie zum Ausdruck brachte, es sei Krishnamurtis ausgesprochener Wille gewesen, diese Worte der Nachwelt zu überliefern.

Die Lösungen, um das Mysterium Krishnamurtis zu verstehen, liegen sicherlich nicht auf einer rationalen Ebene. Intellektuelles Verständnis wird sich seinem Geheimnis nicht (oder nur bedingt und bis zu einer frühen Grenze) annähern können. Gleiches wird nur durch gleiches erkannt - und so wird nur ein erleuchtetes Bewußtsein die offenen Fragen beantworten können und im Lichte der Wahrheit das Geheimnis des Jiddu Krishnamurti entschleiern.

VIII.
DER TOD

Im Sommer 1985 antwortete Krishnamurti Mary Zimbalist, obwohl er sich zu jener Zeit in keiner guten Verfassung befand, auf die Frage, wieviel Zeit „es" ihm wohl noch gebe: „Ich denke, zehn weitere Jahre."[27] Im Gegensatz dazu steht eine Aussage von Pupul Jayakar: „Im Juli 1985, als er sich in Rougemont in der Schweiz aufhielt, hatte Krishnamurti zum ersten Mal die Vorzeichen seines herannahenden Todes gespürt. Als ich ihn Ende September in Brockwood Park besuchte, empfing er mich in der kleinen Küche im Westflügel des alten Hauses. Er sagte, er hätte mir etwas sehr Ernstes mitzuteilen. „Seit meinem letzten Aufenthalt in der Schweiz weiß ich, wann ich sterben werde. Ich kenne die Stunde und den Ort, aber ich werde es niemandem sagen. Die Manifestation hat begonnen, sich aufzulösen", fuhr er fort."[28] Sollte er, wie gelegentlich, zu den Indern anders gesprochen haben als zu den Amerikanern und Engländern? Warum diese zwei sich widersprechenden Aussagen, die auch von anderen Stellungnahmen in Brockwood abweichen, wo er ebenfalls von einer längeren Lebensdauer auszugehen schien. Möglicherweise liegt seitens Pupul Jayakars eine Interpretation von Aussagen Krishnamurtis vor, die von den Ereignissen geprägt, nicht von tatsächlichen Worten bestimmt war. Es erscheint wahrscheinlicher, daß Krishnamurti von seinem sich abzeichnenden Sterben überrascht war. Dies würde auch die verwunderte Frage erklären, die er sich in einem Gespräch mit Mary Zimbalist kurz vor seinem Tod gewissermaßen selbst stellte: „Was habe ich falsch gemacht?“ Anscheinend war er davon ausgegangen, seine Mission sei noch nicht abgeschlossen. Offensichtlich erinnerte er sich nicht mehr an eine Prophezeiung, die er 1967 in New Delhi gemacht hatte: „Ich werde sprechen, bis ich zweiundneunzig bin.“[29] Es sollte nur ein Jahr an der vollkommenen Erfüllung dieser Prophezeiung fehlen.

Krishnamurti starb im kalifornischen Ojai. Er verließ am 17. Februar 1986, kurz nach Mitternacht, seine physische Hülle. Von der Erde hatte er sich schon einige Wochen vorher verabschiedet, dort, wo alles begonnen hatte - am Strand von Adyar. „Am Abend begab er sich zu einem letzten Spaziergang an den Strand von Adyar, dort, wo er vor langer Zeit ‘entdeckt’ worden war. Am Ende des Spazierganges entbot er, sich einmal ganz drehend, den vier Himmelsrichtungen seinen Abschiedsgruß - dem Osten, dem Süden, dem Westen und dem Norden - es war jener erhabene Abschiedsgruß, den man in alten Zeiten den „Elefantenkreis“ nannte.“[30]

TEIL 2

DIE LEHRE

IX.
RELIGION

Krishnamurti war der religiöseste Religionskritiker, den es je gab. Eine Weltökumene, die um des lieben Friedens willen jegliche Konfession unter ihren Mantel nahm, stellte für ihn ein Schreckensgebilde dar. Jede Dogmatik, jede religiöse Autorität (in Form von Amt oder Instanz), alle Formen von Ritualen oder Zeremonien - lehnte Krishnamurti in radikaler Schärfe ab. Für ihn bedeutete Religion - im konfessionellen Sinne - keinen Weg zur Zusammenführung der Menschen, sondern die zentrale Kraft ihrer Zersplitterung. „Sagen Sie nicht, Glaube bringe die Menschen zusammen. Keine organisierte Religion hat es je getan. Denken Sie nur einmal an Indien. Alle sind gläubig, aber sind sie deshalb vereint? Im Gegenteil, sie zerfallen in soundso viele kleine Parteien und unzählige Spaltungen; genauso ist es im Westen. Christen vernichten Christen, ermorden einander wegen kleiner, unwichtiger Dinge, treiben Menschen in Lager usw. und führen die schrecklichsten Kriege. Glaube bringt also die Menschen nicht zusammen."[31] Religion erforderte für Krishnamurti, um wahrhaftig zu sein, einen unermeßlichen inneren Freiraum. Diesen sah er durch jegliche Form konfessioneller Religiosität gefährdet. Von seinem radikalen Ansatz her schien es ihm auch nicht erforderlich, auf die jeweiligen reformerischen Ansätze einzelner Religionen einzugehen. Er sah sich in seiner Kritik, wenn er zu ihrer Unterstützung überhaupt auf die Geschichte zurückgriff, sogar in der Nachfolge des Buddha oder des Christus. Er äußerte einmal gegenüber einem Reporter der Nachrichtenagentur Reuter, weder Buddha noch Christus hätten für sich Göttlichkeit beansprucht oder eine Religion stiften wollen, dies sei nach ihrem Tod alles von ihren Anhängern in die Wege geleitet worden.

Krishnamurti bestritt niemals die Größe eines Buddha oder Christus, lehnte aber jegliche kultische Verehrung ab, weil er es für den größten Irrweg hielt, die Verehrung ihrer Personen über ihre jeweilige Lehre zu stellen. Auch sah er im Zusammenhang mit einer schwärmerischen Form der Anbetung die Gefahr des religiösen Wahnes und der Hingabe an selbsterschaffene Trugbilder.

Religion in ihrer traditionellen Form charakterisierte sich für Krishnamurti in erheblichem Maße durch „Bedingtsein", durch Begrenzung und Festlegung. Der dogmatische Rahmen jeder Konfession gibt eine gewisse 'Wahrheit' vor, doch für Krishnamurti war dies nicht die WAHRHEIT. Echte Religion war für ihn immer neu, sie war ein Prozeß, eine Entdeckungsreise, die keine Landkarte und kein vorgegebenes Ziel kannte. Vor allem aber war sie bestimmt von wirklicher Freiheit. „Die Freiheit liegt darin, Traditionen hinter sich zu lassen und zu experimentieren. ... Religiosität kommt, wenn der Mind (Verstand) seine eigenen Mechanismen verstanden hat. Wenn er ganz still geworden ist - diese Stille ist nicht die Ruhe des Todes, sondern eine sehr lebendige Stille, aktiv, bewußt, wachsam. Um herauszufinden, was Gott - Wahrheit - ist, muß man das Leid und den Kampf der menschlichen Existenz verstehen. Um über den Mind (Verstand) hinauszugelangen, ist es notwendig, daß das Selbst, das 'Ich' aufhört zu existieren. Nur dann können wir das, was wir alle suchen und verehren, empfangen."[32]

Krishnamurti wurde aufgrund seines radikalen Ansatzes sogar vorgeworfen, er sei im Grunde seines Herzens Atheist. Dieser Vorwurf verkennt die Tiefe seines Wesens vollständig. Er wollte eine Spiritualität der Freiheit. Wer wahrhaft an Gott glaubte, der trüge, in seinen Worten ausgedrückt, „immer ein Lächeln auf dem Gesicht". Ein solcher Mensch wäre vollkommen friedfertig und würde kein Leben zerstören. Dieser Freiheit und Friedfertigkeit bedurfte es zudem, um jungen Menschen eine wirklich religiöse Erziehung zu vermitteln, in der nicht von Angst und Dogmen die Rede war. In einem Gespräch mit Lehrern drückte Krishnamurti dies einmal sehr eindrücklich aus: „Dieser Ort muß frei sein von Furcht, die Menschen müssen aufrichtig sein. Wenn die Kinder ihre Hände auf die Erde legen, müssen sie das Jenseitige spüren."[33]

Gerade in seinen Begegnungen mit Kindern kommt Krishnamurtis tiefe Verwirklichung wundervoll zum Tragen, wenn er sie behutsam, Schritt für Schritt, von der alltäglichen Welt zum großen Mysterium führt. Von der Vordergründigkeit des Alltäglichen zur Tiefe jenseits des Verstandes. Wenn dieses „Jenseitige" bewußt geworden war, vermochten die Menschen die verborgene Einheit allen Lebens zu erfassen, das Geheimnis der Schöpfung. „Schöpfung ist etwas von höchster Heiligkeit, das Heiligste im Leben."[34]

Im Bewußtsein dieser Heiligkeit allen Seins wuchs zugleich die Erkenntnis um die Unsterblichkeit des Bewußtseins. Dies bedeutete für Krishnamurti aber nicht die endlose Fortdauer der begrenzten menschlichen Persönlichkeit, sondern die unbegrenzte geistige Reifung. Für ihn war die Ewigkeit ein „unaufhörliches Beginnen". Sie war das „ewige Jetzt", für das alle großen Mystiker aller Zeiten und Traditionen Zeugnis ablegten.

X. GESELLSCHAFT

Krishnamurti beobachtete auf seinen zahllosen Reisen mit großer Wachsamkeit die Welt, die ihn umgab. Er sprach mit Menschen aus unterschiedlichsten Schichten, vom Dalai Lama bis zum Atomwaffentechniker in Los Alamos. Überall traf er auf Zerrissenheit, offene und versteckte Gewalttätigkeit, Angst und Unsicherheit. Dieser anscheinend in Hoffnungslosigkeit versinkenden Welt setzte er seine Botschaft von der Heiligkeit und Ganzheit des Lebens entgegen, zu verwirklichen durch Ehrfurcht vor und Liebe zu allem Existierenden. Alles Leben war eines - wir sind dieses Leben - dieses Leben war und ist heilig. In diesen Postulaten stehen der Dalai Lama und Krishnamurti wie Brüder nebeneinander.

Um diesen Idealen nahe zu kommen, bedurfte es einer hohen Kunst in der Erziehung junger Menschen, die diese Werte in einer neuen Gesellschaft würden verankern müssen. Für Krishnamurti hielt der Lehrer die Zukunft des Menschengeschlechts in seinen Händen. Ihm obliegt es, die „individuelle Einzigartigkeit“ jedes Kindes zur Entfaltung zu bringen, von der Krishnamurti schon früh gesprochen hatte. Um dieser Aufgabe gerecht werden zu können, muß sich der Lehrer seines eigenen Wertes bewußt sein, um aus einer inneren Sicherheit heraus seiner Arbeit nachzugehen. Für Krishnamurti stand der Pädagoge, aufgrund seiner Berufung, in gewissem Sinne über dem Politiker und den anderen Größen der Gesellschaft.

Erziehung sollte stets kreativ sein, immer neu, jeweils auf die einzelnen Kinderpersönlichkeiten eingehend. Jede Nachahmung einer bestimmten Methode oder Angleichung an eine ideologisch geprägte Pädagogik mißbilligte Krishnamurti. „Wenn man einer Methode folgt, - selbst wenn ein gedankenvoller und intelligenter Mensch sie ausgearbeitet hat, - erlangt stets die Methode höchste Bedeutung, und dann sind die Kinder nur insofern wichtig, als sie sich ihr einfügen.“[35] Dieser mahnende Hinweis richtete sich aber auch an die Eltern, die im pädagogischen Vor- oder Umfeld entscheidende Fehler begehen können, wenn sie bestimmte Ansprüche an die Kinder stellen. Ähnlich wie das Festhalten an bestimmten Erziehungsmethoden, so stellt auch das Errichten bestimmter Vorgaben unüberwindliche Hindernisse für wahrhafte Erziehung auf. Das Vergleichen von Kindern innerhalb einer Familie, mit dem Ziel der Gleichmacherei, womit meistens die Vorbildstellung des am besten benoteten Kindes einherging, hielt Krishnamurti für eine katastrophale Fehleinschätzung. Diese Struktur des Vergleichens und die Anregung zur Nachahmung hielt er für eine Form von Gewalt. Da die Familie wiederum nur das Abbild der Gesellschaft im Kleinen darstellt, kann diese nicht verbessert werden, solange jener elementare Fehler nicht erkannt und behoben ist. Das Erziehungssystem muß sich grundlegend wandeln, ja es muß geradezu revolutioniert werden. Wie weitblickend Krishnamurti auf dem pädagogischen Sektor war, zeigt eine Warnung, die er bereits in den fünfziger Jahren aussprach. „Die heutige Erziehung trägt nur dazu bei, das Gedächtnis auszubilden. Wir verwandeln menschliche Wesen in Gedächtnismaschinen. Wir bringen mittelmäßige Wesen hervor, die fähig sind, Fakten und Meinungen zu speichern und diese, sowie es nötig es, hervorzuholen. Wir schaffen Menschen, deren Geist durch Traditionen, Glaubenssätze, Religionen etc. konditioniert ist. Mir scheint, wahre Erziehung beginnt dort, wo man über alle diese konditionierenden Faktoren hinausgeht und die Tätigkeit des Denkens begreift.

Die Gesellschaft wird Sie in dem Bemühen, über ihre Konditionierung hinauszugelangen, nicht unterstützen. Die Gesellschaft möchte mittelmäßige Wesen aufziehen, um ihre Traditionen aufrechtzuerhalten. Sie werden sich gegen eine solche Gesellschaft auflehnen müssen."[36]

Nur wenn jedes Kind in der Würde seiner einzigartigen Ganzheit erzogen wird, kann es sein wahres inneres Wesen entfalten, kann seine innere Ganzheit mit der äußeren in ein harmonisches Wechselspiel treten. Mit der inneren Ganzwerdung des Kindes, mit seiner ganzheitlichen Entfaltung, würde auch eine Ganzwerdung und Heilung des Verhältnisses Mensch und Natur einhergehen, die nicht durch äußere Maßnahmen zu erreichen ist. In einem Brief vom 15. März 1979 drückt Krishnamurti diese erforderliche Entwicklung in seiner unnachahmlichen Prägnanz aus. „Die Fähigkeit, ein fallendes Blatt oder den großen Baum auf dem Hügel wahrzunehmen, ist weitaus wichtiger, als alle möglichen Prüfungen zu bestehen und eine große Karriere zu machen."[37]

Die innere Verwandlung besaß in Krishnamurtis Augen die klare Priorität vor jeglichem gesellschaftlichen Wandel. Wer in der Tiefe seines Bewußtseins erkannt hatte, daß er nicht getrennt von dieser Welt existierte (Du bist die Welt!), mußte innerlich mit allen Konsequenzen Abschied von Separatismus oder Nationalismus nehmen. Jeglicher „ismus" bereitete in Krishnamurtis Augen den Boden für die Trennung der Menschen, gleichgültig ob er sich weltlich oder über-weltlich zu legitimieren trachtete. Die Identifikation mit einer Ideologie oder einem Staatengebilde führte zu einer inneren Spaltung und Absonderung von der Ganzheit. Ganz abgesehen von Krishnamurtis kritischer Einschätzung der politischen Systeme überhaupt, die er für korrupt und damit für einen wahrhaft religiösen Menschen ungeeignet hielt. Die Veränderung mußte vom einzelnen, von der Innerlichkeit des Individuums, nicht von gesellschaftlichen Institutionen ausgehen. „Erzieherische oder politische Systeme lassen sich nicht auf geheimnisvolle Weise umgestalten; sie ändern sich, wenn ein grundlegender Wandel in uns stattfindet. Der einzelne ist von höchster Wichtigkeit und nicht das ganze System; solange aber der einzelne den gesamten Vorgang in seinem Inneren nicht versteht, kann kein System, weder der Linken noch der Rechten, Ordnung und Frieden in die Welt bringen.“[38]

Krishnamurti zählte zu den radikalen Kritikern einer wissenschaftsgläubigen Gesellschaft, die in ihrem Geblendetsein vom Glanz neuer Entdeckungen den hinter ihr aufwachenden Moloch der Unmenschlichkeit übersah. Die moderne Technik, mit all ihren noch immer kaum übersehbaren Folgen, entwickelte eine Eigendynamik, die Krishnamurti als äußerst bedrohlich empfand. Dabei war er keinesfalls ein Apostel einer Steinzeit-Lebensführung. Er sah durchaus die positiven Aspekte des technologischen Fortschritts. Es wäre albern, im „Zeitalter des Düsenjets auf den Ochsenkarren zurückgreifen zu wollen“, äußerte er einmal in einem Gespräch. Nicht im ängstlichen Rückschritt konnte die Lösung gefunden werden, sondern im bewußten Erkennen von Möglichkeiten und Grenzen der modernen Industriegesellschaft im allgemeinen und des wissenschaftlichen Denkansatzes im speziellen. Das wissenschaftliche Denken muß seine Parameter verändern, sich einer zu entdeckenden Transzendenz öffnen und den - viel beschworenen - Paradigmenwechsel vornehmen. Wissenschaft muß eine „heilige Hochzeit" mit dem religiösen Bewußtsein eingehen. „Wenn der wissenschaftliche Verstand die Grenzen des Bekannten durchbricht, dann kann er sich vielleicht dem religiösen Bewußtsein nähern. Das naturwissenschaftliche Denken ist logisch, präzise, analysierend und untersucht die äußere Welt, aber es führt nicht zu einem inneren Verständnis der Dinge. Ein inneres Verständnis jedoch bringt ein Verstehen der äußeren Dinge mit sich. Wir sind das Produkt der äußeren Einflüsse. Der wissenschaftliche Verstand analysiert präzise und klar, aber er kennt kein Mitgefühl, denn er hat sich selbst nicht verstanden."[39] Noch kürzer gefaßt, drückte Krishnamurti seine Auffassung in einem Dialog mit Kindern der Rishi-Valley-Schule aus. „Ein neues Bewußtsein ist nur dann möglich, wenn der religiöse Geist und das naturwissenschaftliche Denken Teil der gleichen Strömung des Bewußtseins werden."[40]

Ein technologisches (und von Technokraten dominiertes) Weltbild, das den Menschen zur Maschine und die geistig-seelischen Probleme zu Reparaturfragen reduziert, geht am eigentlichen Wesen des Menschlichen vorbei. Das innere Leben, für Krishnamurti das eigentliche, wahre Leben, wird von dieser Weltschau nicht nur nicht gesehen, sondern, schlimmer noch, bereits in seinem Aufblühen gehindert. Technik und Wissenschaft erheben sich zu einem Rang, der nur dem Religiösen, im reinen, nicht im konfessionellen Sinn, in Wahrheit zusteht. In überaus radikaler Form brachte Krishnamurti dies in dem Ausruf zum Ausdruck: „Der Mensch, der ein

Atom spalten kann, aber keine Liebe im Herzen trägt, wird zum Ungeheuer."[41] Die Spaltung des Atoms kann hier im übertragenen Sinne auch noch als Metapher für die innere Spaltung, die innere Zerrissenheit des Menschen angesehen werden. Nur wenn diese Spaltung überwunden werden kann, wenn Weisheit und Wissenschaft wieder im einzelnen Menschen zur Einheit finden, wird eine humanere und liebevollere Gesellschaft ins Dasein treten.

XI.
ERKENNTNIS

Krishnamurti war kein Erkenntnistheoretiker. Krishnamurti war Mystiker. Doch der Mystiker wollte, vor allem in seinem letzten Lebensjahrzehnt, versuchen, den Weg zur wahren Einsicht in Worte zu kleiden, die er als allgemein verständlich ansah. Wie schon auf anderen Gebieten, ging er allerdings auch hier von dem sehr optimistischen Ansatz aus, dies müsse für „jedermann“ möglich sein. Krishnamurti betrachtete „Intelligenz“, womit die höchste geistige Einsicht gemeint ist, nicht als ein besonderes Geschenk, sondern als die Möglichkeit zu verstehen, die in jedem Individuum verborgen lag. Er schenkte dabei möglicherweise dem evolutiven Moment geistigen Wachstums nicht genügend Beachtung, wobei ein entscheidender Grund dafür in seinem Zeitverständnis liegt. Wahre Erkenntnis vollzieht sich nur äußerlich in Zeit, innerlich ist der echte Erkenntnisakt ein zeitfreies Geschehen. Es ereignet sich in diesem Geschehen der Einbruch einer anderen Dimension; es kommt zu einer Berührung mit der WIRKLICHKEIT. Diese Erfahrung von Gegenwart, von zeitfreier Wirklichkeit, nannte Krishnamurti auch das „Schweigen des Gestern“. Es war die Begegnung mit der Innenwelt, während normalerweise nur die Außenseite der Innenwelt beschrieben wurde. „Einsicht hat nichts mit Gedanken zu tun. Wenn Einsicht ein Produkt der Gedanken ist, dann ist das nur eine partielle Einsicht. - Wir können nie allwissend werden. Gedanken können es nie erfassen. Wir können Astrophysiker sein und das Universum erforschen, das Verständnis wird sich immer im Bereich der Gedanken befinden. Auf diese Weise kann das Universum oft gedanklich erfaßt werden. Wir können es logisch verstehen; wir können verstehen, woraus das Universum gemacht ist - aus Gasen und so weiter. Aber das ist nicht das Universum."[42]

Die hermeneutische Frage beantwortete Krishnamurti dahingehend, daß Wahrheit und Methode einander ausschlossen. Wahrheit war nur in der Einsicht des Individuums zu finden, und die konnte sich nicht auf ausgetretenen Pfaden oder im Befolgen bestimmter Methoden gewinnen lassen. Aus diesem Grund lehnte Krishnamurti auch die Psychoanalyse ab. Der Mensch mußte lernen, sich selbst zu verstehen, aber „nicht nach den Methoden von Freud, Jung und den Psychologen und Analytikern, das ist zu kindisch; denn wenn Sie sich nach ihnen richten, lernen Sie, was jene sind, aber Sie verstehen sich nicht selbst."[43] Auch im erkenntnistheoretischen Feld wird die Antwort wieder in die individuelle Verantwortung gelegt, wie schon bei allen gesellschaftspolitischen Fragen. Weder die Befolgung bestimmter politischer Vorgaben noch die Anwendung bestimmter Erkenntnismethoden boten einen Ausweg. Es kam Krishnamurti darauf an, eine Offenheit für den Zugang zur inneren Wirklichkeit zu entwickeln - die für ihn gleichbedeutend mit Intelligenz und Liebe war. In ihr lag der „Schlüssel zur Erkenntnis" verborgen. „Wenn die Ursache entdeckt wird, ist die höchste Intelligenz da, die ihrer wahrhaftigen Natur nach mitleidige Liebe ist."[44] Es ist hier von entscheidender Bedeutung, den Begriff „Intelligenz" richtig zu erfassen. Krishnamurti setzt ihn klar von Intellekt ab, der nur ein rationales Begreifen von logischen Zusammenhängen ermöglicht, aber nicht die Erkenntnis von WIRKLICHKEIT. So kann man mit dem Intellekt zwar Wissen erlangen, nicht aber zur Erfahrung des Seins gelangen. In einer der eindrücklichsten Aussagen faßte Krishnamurti die Unterschiedlichkeit von Intellekt und Intelligenz in ein Bild: „Das einzige, was der Computer - im Gegensatz zum Menschen - nicht kann, ist, in den Abendhimmel zu schauen."

Als Krishnamurti im Sommer des Jahres 1929 den „Sternenorden" auflöste, sprach er den inzwischen berühmt gewordenen Satz von der „Wahrheit, die ein pfadloses Land" sei. In späteren Jahren hat er diese Aussage oft verdeutlicht, um die eigentliche Intention dieses Satzes hervorzuheben. Er sah gerade in der Tatsache, daß zur Wahrheit kein Pfad führte, ihre besondere Schönheit, denn Wahrheit war für ihn etwas Lebendiges. Sie konnte nicht in ein System gepreßt und für jeden Schüler in handliche Lektionen aufgeteilt werden. Es gab auch keinen Lehrer, Guru oder Meister dafür, denn „in dem Moment, in dem man beginnt, jemandem zu folgen, hört man auf, der Wahrheit zu folgen". Die Wahrheit aus „zweiter Hand" war für Krishnamurti schon keine Wahrheit mehr, weil es nicht die Wahrheit des jeweiligen Individuums war. Es war eine wiederholte, keine originäre Wahrheit.

Wahrheit zählt zu den Schlüsselbegriffen in Krishnamurtis Gedankenwelt. Wahrheit war eng mit Schönheit, Freiheit und Liebe verknüpft. Wahrheit mußte immer neu sein, frei von den Lasten der Vergangenheit, frei von den Lasten der Erinnerung. Wahrheit bedeutete zugleich Wachheit, die klare, vorurteilslose Beobachtung des äußeren und des inneren Lebens.

Es gibt eine kleine Geschichte, von Krishnamurti selbst erzählt, die ein bezeichnendes Licht auf seine Vorstellung von Wahrheit wirft. Er erzählt: „Ich treffe den Buddha. Ich lausche ihm sehr aufmerksam. In mir ist nun die ganze Wahrheit seiner Worte gegenwärtig, und er geht. Er sagte mir sehr eindringlich: „Sei dir selbst ein Licht." Die Saat geht auf. Vielleicht vermisse ich ihn. Er war ein Freund; jemand, den ich sehr liebte. Das wirklich Wesentliche aber ist die Saat der Wahrheit, die er gesät hat. Durch meine Wachheit, meine Bewußtheit, mein intensives Lauschen wird diese Saat aufgehen. Welchen Sinn sollte es sonst haben, daß jemand 'es' hat? Wenn X in diesem außergewöhnlichen Zustand der Erleuchtung ist, diese Weite, dieses Mitgefühl ausstrahlt, wenn nur er 'es' hat und dann stirbt - welchen Sinn soll das haben? Welchen?"[45]

Krishnamurti erzählt hier nicht die Geschichte von Buddha und seinen Schülern, Krishnamurti erzählt die Geschichte von Krishnamurti und seinen Schülern. Die Geschichte drückt zugleich in poetischer Weise die Hoffnung aus, jenseits der eigentlichen Bedeutung der Worte verstanden worden zu sein. Was er hier in eine Erzählung einkleidete, faßte er später, in den letzten vier Sätzen seines Schlußvortrages in Washington, am 21. April des Jahres 1985, in prägnanter Form zusammen. Wer sich der Mühe unterzieht, diesen Vortrag auf dem Video zu verfolgen, erhält ein Gefühl für die Tiefe der Worte und die Ausstrahlung, die von Krishnamurti auf die Zuhörerschaft übergeht.

„Das Gehirn ist ungewöhnlich tüchtig, es besitzt grenzenlose Kapazität, aber wir haben es so klein und so unbedeutend gemacht.

Wenn also dieser Raum vorhanden ist und die Leere und dadurch immense Energie - Energie ist Leidenschaft, Liebe, Mitgefühl und Intelligenz -, dann gibt es diese Wahrheit, die das Allerheiligste ist, dasjenige, wonach der Mensch seit Urzeiten auf der Suche war. Diese Wahrheit ist nicht in irgendeinem Tempel, in einer Moschee oder in einer Kirche zu finden, und es gibt keinen anderen Weg zu ihr als durch die eigene Selbsterkenntnis, durch Erforschen, Studieren, Lernen. Dann ist das, was ewig ist."[46]

XII.
EVOLUTION

Wenige Jahre vor seinem Tod wurde Krishnamurti anläßlich eines Interviews mit der New York Times von Paul L. Montgomery gefragt, ob er glaube, sein Werk habe eine Veränderung im Leben der Menschheit bewirkt. Krishnamurtis Antwort lautete: „Ein wenig, aber nicht viel."[47] Diese scheinbare Randbemerkung wirft mehr Licht auf ein grundsätzliches Problem, als man bei oberflächlichem Lesen anzunehmen geneigt ist. Sie legt Zeugnis ab für Krishnamurtis - vielleicht ein wenig resignative? - Selbsteinschätzung, daß die Evolution sich nach anderen Zeitrhythmen bemißt, als er über Jahrzehnte hinweg angenommen hatte.

Diese Fehleinschätzung kann zweierlei belegen: Zum einen mag Krishnamurti in seiner außerordentlichen Bescheidenheit nicht gesehen haben, wie weit entfernt er von der 'Normal-Menschheit' war; zum anderen verdeutlicht es, in welcher Weise Krishnamurti sich irrte, wenn er glaubte, Erleuchtung oder der Durchbruch zur Wirklichkeit, die Bezeichnungen sind hier unwesentlich, könne von jedermann „hier und jetzt" erlangt werden. Diesen Trugschluß hatten ihm schon Theosophen vorgeworfen, die ihm in Sympathie verbunden waren, und seine jahrzehntelange Wegbegleiterin Emily Lutyens, die für ihn fast so etwas wie eine zweite Mutter gewesen war, schrieb ihm dazu bereits in den dreißiger Jahren einen bewegenden Brief, der fast prophetische Tiefe besitzt. „Du scheinst Dich darüber zu wundern, daß die Menschen Dich nicht verstehen, aber es sollte mich wundern, wenn sie es täten. Schließlich und endlich stellst Du alles auf den Kopf, was sie je geglaubt haben. Du nimmst ihnen ihr Fundament und setzt an diese Stelle eine verschwommene Abstraktion. Du sprichst über das, was Du selbst als unbeschreiblich bezeichnest und von dem Du selber sagst, daß es unbeschreiblich ist und nicht verstanden werden kann, bis man es selber entdeckt. Wie erwartest Du dann, daß sie es verstehen sollen? Du sprichst von einer anderen Dimension aus und hast ganz vergessen, was es bedeutet, in einer dreidimensionalen Welt zu leben. ... Kein menschliches Problem bedeutet Dir etwas, weil Du ego-los bist, und Deine Abstraktion von der Seligkeit bedeutet den Menschen, die immer noch voller Verlangen sind, in der Welt, so wie sie sie kennen, zu leben, gar nichts.“[48] Ein weiser tibetischer Lama bemerkte einmal in einem Gespräch über Krishnamurti, dieser habe immer nur von der Ebene eines „absoluten Bewußtseins“ gesprochen, während selbst der Buddha manchmal auf die Ebene der Relativität eingegangen wäre. Vielleicht liegt hier eine Antwort.

In seinem letzten Lebensjahrzehnt muß Krishnamurti erkannt haben, daß seine Vorstellungen über eine unmittelbare Transformation unter Vernachlässigung des evolutiven Prozesses so nicht zutreffend waren. Gespräche mit Freunden und Schülern, die ihre ehrliche Unfähigkeit bekannten, eine Verwandlung in Krishnamurtis Sinne und in seiner Radikalität zu vollziehen, ließen ihn sehr nachdenklich werden. Eine von Mary Lutyens dokumentierte Begebenheit in der Rishi-Valley-Schule veranschaulicht diesen Sachverhalt ebenfalls. „Am 21. September fragte Krishnamurti in einer Sitzung des Mitarbeiterstabes: „Wie stellt ihr es an, daß die Schüler, ohne sich Zeit zu nehmen und unmittelbar, erkennen, daß die Wurzel des Konflikts Eigennutz ist? Es nicht nur zu erkennen, sondern sofort transformiert zu werden?“ Er fuhr fort, indem er sagte, daß von den Hunderten von Schülern, die Rishi Valley, seine älteste Schule, besucht hatten, sich nicht ein einziger verwandelt hätte. Als sie nach der Sitzung allein waren, fragte Mary ihn, worin der Sinn läge, Schüler zu unterrichten, wenn sich in diesen ganzen Jahren nicht ein einziger verwandelt hätte? Wenn unter seinem ganzen Einfluß kein Schüler transformiert worden sei, wie könnten dann die übrigen, die sich offensichtlich auch nicht verändert hatten, eine Wandlung in den Schülern bewirken? „Wenn es Dir nicht gelungen ist, wie können wir es dann überhaupt schaffen?“ fragte sie. „Ich weiß nicht“, erwiderte er, aber in scherzhaftem Ton, weil er offensichtlich mit diesem ernsten Thema nicht weitermachen wollte.“[49] Anscheinend sah Krishnamurti nach den endlosen Jahren des Reisens und Lehrens ein, daß auch er nicht mehr vermochte, als einen Samen zu säen, der wachsen würde, dessen Wachstum aber unaufhaltsam war.

Ähnlich muß auch Pupul Jayakar den Krishnamurti der Altersjahre empfunden haben. „Auf einem Spaziergang sagte er zu mir: „Die innere Suche ist unendlich. Du mußt allein sein, alles hinter dir lassen, dann kannst du die Reise ins Unbekannte antreten.“ Auch er selbst suchte und forschte noch immer, tastete sich vor und stellte Fragen.“[50] Wie bei einigen anderen der großen Weg-Weiser begegnen wir auch bei Krishnamurti dem eigenartigen Paradox von ‘vollständiger’ Vereinigung und unendlichem Fortschreiten. Vielleicht löst es sich nur für den, der selbst „von Angesicht zu Angesicht“ sieht - aber jeder bedarf der Reifung, bis sich seine inneren Augen öffnen.

XIII.
ANGST

Die Ausführung über Krishnamurtis Gedanken zum Thema „Angst" sollen mit zwei persönlichen Erlebnissen aus seinem Leben eingeleitet werden.

Als Kind war Krishnamurti eher furchtsam, eine Eigenschaft, die C.W. Leadbeater schnell auffiel. Es war eines seiner Erziehungsziele, in seinen Schülern die Angst zu überwinden. Eines Tages beobachtete Leadbeater, wie Krishnamurti beim Schwimmen eine bestimmte tiefe Stelle in der Bucht von Adyar zu meiden trachtete. Krishnamurti hatte nicht bemerkt, daß Leadbeater sein Verhalten aufgefallen war. So zeigte er sich erschrocken, als Leadbeater am Abend zu ihm sagte: „Jetzt gehen wir noch einmal zum Meer hinunter, um die tiefe Stelle zu suchen." Mit seiner Angst konfrontiert, gelang es Krishnamurti, sie zu überwinden. Es sollte eine tiefe und bleibende Erfahrung für ihn sein. Das Erleben, Angst bewußt konfrontieren und so überwinden zu können, sollte zentraler Bestandteil seiner späteren Lehren werden.

Die zweite Begebenheit weist eine tiefere Dimension auf und berührt ein Thema von großer Wichtigkeit - die Begegnung mit dem „Bösen". Krishnamurti hing keinen naiven Teufels- oder Satansvorstellungen an; doch er wußte um die Realität dämonischer Kräfte. Er hatte die Quelle des Guten berührt, doch er wußte auch um die Kräfte der Zerstörung - und Angst bot einen Berührungspunkt. „Krishnaji sagte: „Angst zieht das Böse an, und wenn man darüber spricht, lädt man es ein.“ Plötzlich veränderte sich sein Gesichtsausdruck, er wirkte völlig abwesend. Er schlang die Arme um sich und zog sich ganz zusammen. Dann sagte er: „Spürt ihr es im Raum?“ Die Atmosphäre im Zimmer war geladen. Dann sagte Krishnaji: „Bevor wir schlafen gehen, muß ich es austreiben. Dieser Ort muß geschützt werden.“ Er sagte nicht, was er tun würde, aber es mußte etwas getan werden. Kurz darauf stand er auf und ging in allen Zimmern umher....Ein wenig später kam Krishnaji zurück. Er wirkte ruhig, sein Gesicht sah sehr schön aus, und seine Augen waren klar. Was auch immer im Raum gewesen sein mochte, es war vollkommen verschwunden.

Nandini und ich hatten im Laufe der Jahre oft über Krishnajis Einstellung zu Gut und Böse gesprochen. Er hatte zu uns gesagt: „Das Böse ist Realität. Gebt euch nicht damit ab. Ihr solltet nicht einmal in Gedanken damit spielen. Darüber nachdenken heißt es einladen. Haß und Eifersucht ziehen das Böse an. Deshalb ist es wichtig, daß Körper und Geist still sind und daß ihr, falls starke Gefühle in euch aufkommen, ständiger Beobachter bleibt. Das Zerstörerische ist immer nur einen Schritt entfernt. Ganz gleich, wer ihr seid.“[51] Seine gewaltige geistige Kraft und der mächtige Schutz, der ihn umgab, setzte Krishnamurti stets in die Lage, die Finsternis durch sein Licht zu vertreiben. Er blieb aber stets wachsam, um das Herannahen des Schattens zu erspüren.

Angst schloß die Tür zum Licht; und als zentrale Angst hatte Krishnamurti die Angst vor dem Tod ausgemacht. Schon früh versuchte er zu zeigen, wie diese Angst durch die Erfahrung der sie transzendierenden Wirklichkeit zu überwinden sei. Er gab nicht die traditionellen Antworten hinsichtlich des Lebens nach dem Tod, in denen er nur einen schwachen, sogar lähmenden Trost sah. Dieser Schritt, von einer esoterischen Jenseitslehre zum nüchternen Appell zur Selbsterkenntnis, bereitete vielen Menschen große Schwierigkeiten. Verlangte Krishnamurti hier nicht zuviel von seinen Zuhörern? Mußte die Angst vor dem Tod, vor dem Nichts, nicht zuerst eine befriedigende Antwort finden, ohne das eigentliche Ziel aus den Augen zu verlieren?

Der Tod war das Ende der Zeit, der Lebenszeit. Die Zeit war der Handlanger der Angst. Die Angst zu besiegen hieß, die Zeit zu überwinden. „Wenn man von Angst frei sein will, muß man frei von der Zeit sein. Wenn es keine Zeit gäbe, hätte man keine Angst.“[52]

Die Angst konnte nicht auf ihrer eigenen Ebene überwunden werden. Der direkte Kampf mit ihr verstärkte sie eher. Die Kräfte zur siegreichen Überwindung lagen in einer tieferen Dimension. Dort ruhte eine gewaltige Energie, die erschlossen werden konnte, wenn man die alten Muster fallen ließ und zu einer neuen, nicht vorgeprägten Einstellung fand. Einer Einstellung, die als eine unschuldige Reinheit charakterisiert werden konnte. Und „nur aus Unschuld können Sie Probleme lösen, und unschuldig ist ein Mensch, der jedem Ding neu begegnet.“[53]

Zwei Faktoren der Angst griff Krishnamurti immer wieder gesondert heraus - das Streben nach Erfolg und Ruhm sowie die innere Unfreiheit. „Solange wir uns Erfolg als Ziel setzen, können wir nicht frei von Furcht werden, denn der Wunsch nach Erfolg erzeugt unfehlbar Furcht vor dem Versagen. Daher sollte man die Jugend nicht dazu anhalten, den Erfolg zu verehren.“[54] Das zwanghafte Streben nach Überlegenheit oder zumindest nach Gleichheit mit anderen, erzeugt ein außerordentliches Maß an Angst, wobei die Palette von Minderwertigkeitsgefühlen bis hin zur absoluten Lebensangst reicht. Die Bemessung des eigenen Lebenswertes an anderen oder durch andere führt zwangsläufig zu Ängsten und geht am Wesen der Existenz vorbei. Diese gesellschaftlich verursachte Angst konnte in Krishnamurtis Augen langfristig nur dadurch überwunden werden, daß die Prägungen bereits in den Schulen aufgelöst wurden. Konformität, Imitation und Anpassung mußten aufgegeben werden, um der wirklichen Wesensart eines Individuums zu angstfreier Entfaltung zu verhelfen. Der Schlüssel hierzu lag in der inneren Freiheit. Diese bedingte vor allem die Lösung von der Bindung an selbst errichtete Autoritäten. „Eine Folge der Furcht ist das Aufstellen von Autoritäten bei unserem Verlangen, recht zu haben, sicher zu gehen, behaglich zu leben und keine bewußten Konflikte oder Störungen zu erleiden; ein Ergebnis der Furcht kann uns jedoch niemals helfen, unsere Probleme zu begreifen, selbst dann nicht, wenn sich die Furcht in die Form von Respekt und Gehorsam den sogenannten Weisen gegenüber kleidet. Weise Menschen üben keine Autorität aus, und autoritative Menschen sind keine Weisen. Furcht in jeglicher Form verhindert das Verständnis des eigenen Ich und seiner Beziehungen zu allen Dingen."[55] Dieser Schritt erforderte die wache Auseinandersetzung mit der Gesellschaft, ihrer Moral und ihren Zwängen. Dazu bedurfte es einer außerordentlichen Intelligenz, einer spirituellen Intelligenz, die sich für Krishnamurti durch Liebe, Güte und Mitgefühl charakterisierte. Diese Intelligenz stellte die Energie zur Verfügung, um von aller Angst frei zu werden; denn „Freiheit ist eine absolute Notwendigkeit. Wie kann ein Geist, der Angst hat, jemals frei sein?"[56]

XIV.
FREIHEIT

Mit dem Freiheitsgedanken berühren wir das Herz der 'Lehre' Krishnamurtis. Schon der heranwachsende Knabe Krishna suchte kleine Freiräume im genau vorgezeichneten theosophischen Erziehungsrahmen; und der Krishnamurti der zwanziger Jahre war schon stark geprägt von der Bemühung um geistige Freiheit und Unabhängigkeit, die dann in der Auflösung des „Sternenordens" gipfelte.

In der Freiheitsidee sah Krishnamurti das Wesen des Menschen beschlossen. „Vollkommene Freiheit ist das einzige, was im menschlichen Dasein von Bedeutung ist."[57] Die Freiheit darf jedoch nicht als banaler Ausdruck von Willkür oder Zügellosigkeit interpretiert werden. Freiheit war für Krishnamurti nicht nur ein einzigartiger Wert, sie offenbarte auch eine einzigartige Tugend. „Freiheit erfordert sehr große Disziplin. Freiheit setzt große Demut voraus, setzt angeborene innere Disziplin und Arbeit voraus."[58] Mit dieser Aussage wird deutlich, welche Qualität Freiheit im Sinne Krishnamurtis auszeichnet. Es ist die Freiheit eines geläuterten Bewußtseins, das von persönlichen Wünschen und Begierden frei geworden und zur Klarheit einer Einheitserfahrung aufgestiegen ist, in der innere und äußere Freiheit zusammenfallen.

Das äußere Freiwerden - ihn selbst und andere betreffend - hatte Krishnamurti in einmaliger und erschütternder Weise schon in seiner Rede am 3. August des Jahres 1929 beschworen, als er den „Sternenorden" auflöste. Dort finden sich am Schluß jene bemerkenswerten Worte: „Ich behaupte, daß die Wahrheit ein pfadloses Land ist. Und man kann sich ihr auf keinem Pfad nähern, über keine Religion, über keine Sekte. Das ist mein Standpunkt, und ich halte daran absolut und bedingungslos fest ... Wenn ihr das erst einmal verstanden habt, dann werdet ihr einsehen, wie unmöglich es ist, einen Glauben zu organisieren. Ein Glaube ist eine rein individuelle Angelegenheit, und ihr könnt und dürft ihn nicht organisieren. Falls ihr es doch tut, stirbt er, kristallisiert sich, wird zu einem Glaubensbekenntnis, zu einer Sekte, zu einer Religion, die anderen aufgezwungen wird. -

Kein von außen kommender Mensch kann Sie befreien, kein organisierter Kultus, kein Opfertod für irgendeine Sache, keine Organisation, die Sie bilden, keine Arbeit, in die Sie sich stürzen, nichts dergleichen kann Sie befreien. Sie benutzen eine Schreibmaschine zum Briefeschreiben, doch stellen Sie sie nicht auf einen Altar und beten sie an."[59]

Im Grunde waren Krishnamurtis spätere Freiheitsforderungen hier schon vorgezeichnet und skizziert, vor allem hinsichtlich der religiösen Aspekte. Glaubensbekenntnisse und organisierte Religion konnten nur zu Spaltung und Zerrissenheit unter den Menschen führen.

Auch die viele Jahre später geäußerte Absage an die Tradition ist im Wesen nur eine Fußnote zu seinen frühen Gedanken. „Wir sind alle Sklaven der Tradition. Und wir glauben, sehr verschieden voneinander zu sein. Wir sind es nicht. Wir alle durchlaufen das gleiche große Elend, wir vergießen Tränen, wir sind alle menschliche Wesen, keine Hindus, Moslems oder Russen - das sind lediglich Etiketten ohne Bedeutung. Der Geist muß absolut frei sein. Das heißt, daß man absolut für sich sein muß; doch wir alle haben so große Angst davor, allein zu sein.

Der Geist muß frei sein, äußerst gelassen, nicht kontrolliert oder beherrscht. Wenn der Geist wirklich religiös ist, dann ist er frei und fähig, die Wahrheit zu erkunden, zu der es keinen Leitfaden gibt, keinen Wegweiser. Nur der gelassene, ruhige Geist, nur der freie Geist kann erfahren, was jenseits der Zeit ist."[60] Nur die sich in Freiheit und Liebe entfaltende Religion des Herzens, in wahrer Demut und echtem Mitgefühl, entsprach seiner Vorstellung des Religiösen. Freiheit konnte nicht erst am Ende stehen, als Verheißung einer bestimmten religiösen Erlösung, sie mußte Anfang, Mitte und Ende des Weges bestimmen. „Soll Freiheit unser Ziel sein, so muß man in Freiheit beginnen, weil Anfang und Ende eins sind. Selbsterkenntnis und Einsicht können nur entstehen, wenn vom ersten Anfang an Freiheit herrscht, man verleugnet jedoch die Freiheit, wenn man Autorität annimmt."[61] Es wird niemanden verwundern, der die vorstehenden Worte Krishnamurtis liest, daß orthodoxe Kreise, vom katholischen Klerus bis hin zur hochkastigen Brahmanen-Hierarchie, in ihm einen Volksverderber erster Ordnung sahen. Sein Bestreben, den Menschen „absolut und bedingungslos zu befreien", beraubte diese Kreise jeglicher Einflußnahme und Macht. Der freie Mensch benötigt nicht mehr den priesterlichen Vermittler, um mit dem absoluten Geist 'versöhnt' zu werden. Wer innerliche Freiheit gefunden hat, befreit sich mühelos auch von äußerer Unfreiheit.

Besonders drastisch zeigte Krishnamurti diese Zusammenhänge im Dialog mit einigen Sannyasins in Srinagar auf. „Eine gelbe Robe anzuziehen bedeutet nicht, die Vergangenheit abzulegen. Du kannst die Welt niemals hinter dir lassen, denn die Welt ist ein Teil von dir. Du läßt vielleicht ein paar Kühe, ein Haus, hinter dir, aber deine Vergangenheit, dein Erbe, deine Tradition hinter dir zu lassen, erfordert enorme Bewußtheit."[62]

Immer und immer wieder wies Krishnamurti auf die Gefahr hin, ausgetretenen Pfaden zu folgen und alten Strukturen anzuhaften, ohne ihre Begrenztheit zu sehen. Nur die hellwache Beobachtung dieser alten Muster konnte das Erstarren und Verkrusten des Geistes verhindern, wobei er keinen Unterschied zwischen festgefahrenen Bindungen machte, mochten sie nun dreitausend oder dreißig Jahre alt sein. „Wenn Sie aber frei sein wollen von Gewalt, die so tief in uns sitzt, müssen Sie sich selbst kennenlernen. Das können Sie nur, wenn Sie sich beobachten - nicht nach Jung oder Freud oder einem anderen Fachmann, denn dann erfahren Sie nur das, was sie Ihnen bereits gesagt haben, und dabei lernen Sie gar nichts. Wenn Sie sich wirklich kennenlernen wollen, müssen Sie auf die bequeme Autorität der anderen verzichten und beobachten."[63] In seiner Kritik an Autorität und Religion zeigte sich in manchen Aussagen eher eine gewisse Nähe zum Buddhismus als zu theistischen Religionen. Nicht „der Glaube macht selig", sondern der Zweifel führt zum Ziel. „Nur durch Zweifeln erreichst du Brahman; nicht durch Anerkennen von Autorität."[64] Krishnamurti wollte damit keinem Vorurteil zustimmen, sondern nur eine Regel zur Erkenntnisfrage ausdrücken; und natürlich bleibt auch er selbst zu hinterfragen, ob seine Ausgrenzung des Glaubens und Befürwortung des Zweifels nicht selbst eine Begrenzung darstellte.

In diesem Zusammenhang sollte die Aufmerksamkeit auf eine Aussage Krishnamurtis aus dem Jahre 1947 gerichtet werden, die er als Antwort auf eine Frage bezüglich der Hingabe an Gott gab. „Die Hingabe des Willens an Gott impliziert, daß sie den Willen Gottes schon kennen. Sie geben sich nicht an etwas hin, das sie nicht kennen. Wenn sie die Wirklichkeit kennen, können sie sich ihr nicht hingeben. Sie hören auf zu existieren. Es gibt keine Hingabe an einen höheren Willen. Wenn sie sich einem höheren Willen hingeben, dann ist dieser höhere Wille eine Projektion von ihnen, denn das Wirkliche kann nicht durch das Bekannte erkannt werden. Es tritt erst dann ins Sein, wenn das Bekannte aufhört zu existieren."[65] Hier spricht Krishnamurti in ähnlicher Radikalität wie der Taoist, der vom unsagbaren Tao Zeugnis ablegt, oder wie der mittelalterliche Mystiker, der den aussprechbaren Gott als den unwahren Gott bezeichnete.

Für Krishnamurti war Freiheit ein absoluter Wert, eine einsame, unantastbare Größe. Wenn er überhaupt diesem zentralen Ideal seines Lebens eine zweite Konstante zuordnete - dann war es die Liebe. Liebe und Freiheit, wenn sie wahrhaftig waren, in Krishnamurtis strengem Sinne, ergänzten einander, ja sie waren im eigentlichen Sinne untrennbar. „Und wo Freiheit ist, ist Energie, wo Freiheit ist, kann nichts mehr falsch getan werden. Freiheit ist etwas ganz anderes als Revolte. In der Freiheit gibt es kein rechtes oder unrechtes Tun mehr. Sie sind frei, und von diesem Zentrum aus handeln Sie; daher gibt es keine Furcht mehr, und ein Mensch, der keine Furcht hat, ist großer Liebe fähig. Und der wahrhaft Liebende kann tun, was er will."[66] Er kann so handeln, weil er als wahrhaft Liebender immer im Einklang mit der göttlichen Weisheit handelt. Er kann, in und aus der Liebe lebend, seine Freiheit nicht mißbrauchen. Die Liebe bietet Gewähr für wahrhaftes Handeln. Der Liebende wird ein unbesiegbarer Kämpfer für die Freiheit sein; und der innerlich Befreite ein leuchtender Bote der Liebe.

Freiheit und Liebe - in ihnen ist Krishnamurtis ganzes Leben und jedes seiner Worte verankert. Freiheit und Liebe - in ihnen liegt der Schlüssel zum Verständnis des Geheimnisses von Jiddu Krishnamurti.[67]

XV.
LIEBE

Wenn die Freiheit das Tor zum Verständnis von Krishnamurti darstellt, so ist die Liebe das Wesen, die Essenz, die auf jene wartet, die das Tor durchschritten haben. Wenn es etwas in Krishnamurti gab, das selbst seine Kritiker nötigte, einen Bezug zu Buddha oder Christus einzuräumen, so war es die überströmende Liebe, die von ihm ausging, und die jeder wahrzunehmen vermochte, der sich für seine wahre Botschaft öffnete. Diese allumfassende Menschenliebe zeigte sich in zahllosen dokumentierten und nicht dokumentierten Beispielen. Angefangen von den Bettlern, die er als kleiner Junge überreich beschenkte, über den Einbrecher, dem er im Dunkel der Nacht folgte, um ihn vor der Polizei zu warnen, bis hin zu den vielen einfachen Menschen der staubigen Straßen Indiens und den zahllosen Suchenden, die fast ein dreiviertel Jahrhundert zu seinen Füßen saßen. Sie alle begegneten einem erleuchteten Wesen, das auf seine Weise eine göttliche Liebe offenbarte und als Weg-Weiser wirkte.

Schon in ganz jungen Jahren, damals noch im theosophischen Kontext und im Bezug auf die „Meister der Weisheit", gab Krishnamurti das Versprechen, sein „ganzes Leben Liebe sein zu lassen". Dieser Liebe, wo auch immer sie ihren Ursprung haben mochte, weihte er sein Leben, und ihr diente er mit ganzer Kraft als Botschafter.

Gelegentlich deutete er diese Mission in seinen eigenen Worten an, z.B. bei Heilungen, meistens aber sprach er nicht öffentlich darüber. „Sie wissen ja, daß ich diese Heilkraft, oder was immer es ist, von Kind auf besaß. Ich wende sie kaum an. Doch dieses Mal drängte es mich zur Hilfe. Natürlich hat Liebe bei dieser Heilung die Hauptrolle gespielt. Sie verstehen, was ich meine, nicht wahr?“[68] Wenn er sich verstanden glaubte, wenn er annahm, von Herz zu Herz sprechen zu können, zog er den Vorhang vor seiner Persönlichkeit ein wenig zur Seite, um Licht in Fülle ausstrahlen zu lassen. Die Menschen schienen ihm oft nicht offen genug zu sein, um ihn wirklich zu verstehen. Einen Grund dafür sah er unter anderem im verlorengegangenen Bezug zur Natur. „Allein sein. Einen Baum lieben. Wir verlieren unser Gefühl für die Bäume, deshalb verlieren wir auch die Liebe zu den Menschen. Wenn wir die Natur nicht lieben können, können wir auch die Menschen nicht lieben.“[69] Wenn er gefragt wurde, wie man sich der Liebe öffnen könnte, verwies er oft auf eine Öffnung für die Natur als ersten Schritt. Auch sein Hinweis an die Lehrer seiner Schulen, es sei wichtiger für die Kinder, ein fallendes Blatt zu sehen und zu verstehen, als intellektuelle Theorien zu verarbeiten, zielt in diese Richtung. Liebevolle Zuwendung zur Schöpfung öffnete den Weg nach innen; und diese Liebe war zugleich ein mächtiger Schutz, denn „wo Liebe ist, ist Schutz. Haß öffnet dem Bösen die Tür.“[70]

In der modernen Gesellschaft, mit ihrer auf Funktionalität und Gewalttätigkeit ausgerichteten Ordnung, sah er einen immensen Verlust an Liebesfähigkeit. So konnte seine Gesellschaftskritik harsch ausfallen. „Wenn Sie Ihre Kinder wirklich liebten, glauben Sie, daß Sie sie so erziehen würden, sie darauf drillen und sie zwingen, sich der etablierten Ordnung einer verrotteten Gesellschaft anzupassen? Wenn Sie Ihre Kinder wirklich liebten, würden Sie erlauben, daß man sie umbringt oder gräßlich verstümmelt in einem Krieg, gleichgültig, ob es ihr Krieg oder der eines anderen ist? Wenn Sie dies alles betrachten, dann scheint es doch darauf hinzudeuten, daß gar keine Liebe darin ist.“[71]

Seine Analyse der gesellschaftlichen Zustände führte ihn zu einer entschiedenen Abneigung allen Ideologien und „ismen“ gegenüber. Wirkliche Veränderungen konnten nur von innen vollzogen werden, politische Veränderungen bewegten sich jedoch ausschließlich an der Oberfläche. Was Krishnamurti wollte, war eine „Revolution der Liebe“. Nur wenn große Liebe vorhanden ist, kann eine umfassende Sichtweise gewonnen werden, die zu einer ganzheitlichen Handlung führt.

Es war eine transzendente Liebe, von der Krishnamurti sprach, die aus einem inneren Berührtsein von einer absoluten Wirklichkeit herstammte. Die Liebe, von der Krishnamurti sprach, war die „Wahrheit, die uns freimachen wird“. Man darf Krishnamurtis Bezugspunkt zu einem absoluten Bewußtsein niemals aus den Augen verlieren, wenn man solche radikalen Sätze wie aus seinem „Notizbuch“ liest, wo er unter dem Datum des 29. November 1961 einträgt: „Den Gedanken überschreiten ist Tugend, und diese Tugend bedeutet erhöhte Empfindsamkeit, die Liebe ist. Liebe, dann gibt es keine Sünde; liebe und tue, was du willst, und dann gibt es keinen Kummer.“[72]

Krishnamurti wurde gelegentlich gefragt, ob er nicht für den einen oder anderen Menschen mehr oder weniger Liebe empfinde. Er verneinte dies stets unter Hinweis auf seine allumfassende Liebe, die keine persönliche Komponente mehr besaß. „Du fragst mich jetzt bezüglich einer persönlichen Liebe, und meine Antwort lautet, daß ich sie nicht mehr kenne. Persönliche Liebe existiert für mich nicht mehr. Liebe ist für mich ein dauerhafter innerer Zustand ... Ich empfinde die gleiche Zuneigung für alles und jeden von euch."[73] Voller Poesie drückte Krishnamurti diese Form der Liebe in zwei kurzen Stellungnahmen in Ommen 1930 und Adyar 1931 aus, die uns von Emily Lutyens überliefert sind. „Reine Liebe gleicht dem Duft der Rose, die sich an alle verströmt. Die Sonne sorgt sich nicht darum, auf wen sie scheint. - Das Wesen wahrer Liebe, reiner Liebe, kennt solche Unterscheidungen wie die zwischen Ehefrau und Ehemann, Sohn, Vater und Mutter nicht."[74]

Die außerordentliche gesellschaftliche Problematik der Sexualität sah Krishnamurti in ihrer schon erwähnten Kälte und Lieblosigkeit. Wer in seiner Liebe verletzbar blieb, für den stellte die Sexualität kein Problem dar; doch gerade an dieser Qualität mangelte es. Sexualität degenerierte in Krishnamurtis Augen zum Reizventil, um fehlende Kreativität und mangelnde göttliche Intelligenz zu ersetzen - wozu sie ihrer Natur nach nicht imstande war. Sie vermochte diese Qualitäten zwar auszudrücken - wenn sie schon entwickelt waren - sie vermochte sie aber nicht zu ersetzen, wenn sie noch fehlten.

1976 sprach Krishnamurti mit einem jungen Akademiker, Rajesh Dal, der mit großen Problemen aufgrund seiner unterdrückten Sexualität zu kämpfen hatte. Mit großem Einfühlungsvermögen versuchte Krishnamurti ihm den mittleren Pfad, zwischen zielloser Lust und quälender Askese, aufzuzeigen. „Die Sexualität ist wie eine zarte Blume, eine intensive Flamme, empfindlich und kostbar. Sie muß genährt und gepflegt werden. Wenn sie nicht wie von der Natur vorgesehen gelebt wird, muß man besonders bewußt damit umgehen. Die Sexualität frei auszuleben heißt, seine Energien zu zerstreuen, sie brutal zu unterdrücken bedeutet, etwas Zartes und Schönes zu zerstören. Betrachte deine sexuelle Energie also mit Wohlwollen und Wärme, laß sie sich selbst entdekken und entfalten, lehne sie nicht ab, aber mache dich auch nicht zu ihrem Sklaven."[75] Die intime Beziehung zwischen zwei Menschen, die im Idealfall die Verbindung zweier Seelen bedeutete, konnte eine Öffnung zur göttlichen Liebe hin bewirken, von der er seine Mitmenschen noch weit entfernt sah. In einem Brief an Padmabai, eine indische Weggefährtin, schrieb er voller Gefühlstiefe: „Du hast keine Vorstellung von der Freude wahrer, überpersönlicher Liebe."[76] Immer wieder sah Krishnamurti sich mit der Ohnmacht konfrontiert, sein Verständnis von Liebe nicht vermitteln zu können. Ein Grund mag darin liegen, daß für ihn Liebe „außerhalb des Gehirns" lag. Damit entzog sie sich intellektueller Vermittlung. Sie war auch nicht durch Riten, Methoden oder Disziplinen zu erlangen. „Der Mönch, der Priester, der Sannyasin quälen ihre Körper und ihren Charakter in ihrer Sehnsucht danach, aber es weicht ihnen aus; denn man kann es nicht kaufen, weder Opfer noch Tugend noch Gebet können diese Liebe herbeibringen."[77] Das Ich, die Person, der begrenzte kleine Mensch mußte erst lernen, zur Seite zu treten und Gott wirken zu lassen. „So ist Gott da, wenn Sie nicht sind. Wenn Sie sind, ist er nicht. Wenn Sie nicht sind, ist Liebe. Wenn Sie sind, ist keine Liebe."[78] Dieses Nicht-Sein schien nur schwer erklärbar zu sein. Zu lieben bedeutete für Krishnamurti das höchste von allem, denn in der Liebe mußte der Mensch sich selbst völlig vergessen. Zu lieben meinte, sich der Ewigkeit bewußt zu werden.

In einer seiner schönsten Darlegungen über die Liebe, veröffentlicht in „Einbruch in die Freiheit", versucht Krishnamurti mit großer Intensität das Mysterium der Liebe in der Alltagswelt offenbar werden zu lassen. „Wissen Sie nicht, was es wirklich bedeutet, jemanden zu lieben - ohne Haß zu lieben, ohne Eifersucht, ohne Ärger, ohne den Wunsch, sich in das, was der andere tut oder denkt, einzumischen, ohne zu urteilen, ohne zu vergleichen -, wissen Sie nicht, was das bedeutet? Stellt man Vergleiche an, wenn man liebt? Wenn Sie jemanden von ganzem Herzen lieben, mit allen Kräften des Geistes und des Körpers, mit Ihrem ganzen Wesen - gibt es da noch ein Vergleichen? Wenn Sie sich dieser Liebe völlig hingeben, gibt es nichts anderes.

Kennt Liebe das Gefühl der Verantwortung und der Pflicht, und wird sie diese Worte gebrauchen? Wenn Sie etwas aus Pflicht tun, liegt darin noch Liebe? In der Pflicht gibt es keine Liebe. Der Begriff der Pflicht, der den Menschen gefangenhält, zerstört ihn. Solange Sie gezwungen sind, etwas zu tun, weil es Ihre Pflicht ist, lieben Sie das nicht, was Sie tun. Wo Liebe ist, gibt es kein Gefühl der Pflicht und Verantwortung."[79]

Krishnamurti wurde oft gefragt, warum er sich über Jahrzehnte hinweg der Mühen seiner Reisen und Vorträge unterzog, wenn sich die Menschen doch anscheinend nicht änderten, wenn die Gesellschaft in Lieblosigkeit zu erstarren schien und seine Worte ungehört verhallten. Eine seiner Antworten, wenige Jahre vor einem Tod gegeben, enthüllt ein wenig die Schönheit seiner großen Seele, die Schönheit einer unendlichen Liebe. „Ich glaube, wenn man etwas Wahres und Schönes sieht, will man das den Menschen mitteilen - aus

Zuneigung, aus Barmherzigkeit, aus Liebe. Und wenn da jene sind, die nicht daran interessiert sind, ist das in Ordnung. Können Sie die Blume fragen, warum sie wächst, warum sie duftet. Aus demselben Grund redet der Sprecher."[80]

Auch Krishnamurti vermochte es nicht, das Mysterium der Liebe in Worten auszudrücken. Er vermochte nur jene zu berühren, die sich der Berührung öffneten, wie die noch vom Morgentau bedeckte Lotosblüte den ersten Strahlen der Sonne. Mehr stand nicht in seiner Macht; denn „Liebe ist etwas, das man nicht einladen oder kultivieren kann. Sie entsteht natürlich, leicht, wenn die anderen Dinge nicht vorhanden sind."[81]

XVI.
MYSTIK

Krishnamurti werden gerne die Titel Philosoph oder Weisheitslehrer verliehen, bisweilen wird er auch als Agnostiker oder gar als Atheist bezeichnet - doch von seinem Wesen her war Krishnamurti Mystiker. Sein Thema war die Einheit des Seins, das Eins-Sein in Freiheit und Liebe; und diese Einheit 'erstreckte' sich wahrhaft von der Naturschönheit der Erde bis zum Licht der unendlichen Gottheit. Für Krishnamurti war alles Sein erfüllt von der verborgenen Heiligkeit des Göttlichen, deren Vollkommenheit zu offenbaren sein Lebensziel bildete. Sein sich zutiefst nach Harmonie und Schönheit sehnendes Wesen verletzte die Disharmonie der Welt im innersten Herzen. So versuchte er zu heilen, wo immer es ihm möglich schien. Gelegentlich den Körper, zumeist aber den Geist.

Mit unbestechlichem Blick sah Krishnamurti die Schwächen der Menschen, aber auch ihr unerwecktes göttliches Selbst. Dabei darf nie aus den Augen verloren werden, wie weit seine mystischen Erfahrungen und seine spirituellen Fähigkeiten den Alltagsmenschen überragten. Krishnamurti war gerade nicht - oder besser nicht mehr - ein Mensch wie jeder andere, wozu ihn manche 'Anhänger' gerne gemacht hätten. Er war schon länger auf dem „Weg ins pfadlose Land" gewandert; und er war dem Ziel nähergekommen, war von seinem Licht berührt worden. Wenn Krishnamurti vom „Zentrum der Schöpfung" oder von „dem, was ist" sprach, kündete er vom anderen Ufer des Lebens, wie ein Fährmann, der den Strom überqueren hilft, der Zeit von Ewigkeit trennt.

Krishnamurti verfügte neben seiner schon erwähnten Heilungsgabe auch über eine außergewöhnliche Hellsichtigkeit. „Als Junge konnte ich Devas, Engel und anderes sehen.“[82] Diese Fähigkeit blieb ihm offensichtlich sein Leben lang erhalten, wenngleich sie wohl nach der Pubertät und in den frühen zwanziger Jahren für eine gewisse Zeit weitgehend verschwunden war. In einem Brief an Charles W. Leadbeater nennt Krishnamurti den 10. August 1922 als Zeitpunkt für seine neu erwachte Hellsichtigkeit. „Seit diesem Zeitpunkt bin ich viel empfindungsfähiger geworden und dazu geringfügig hellsichtig, da ich Sie und die Präsidentin in jener Nacht sah, als ich im Mondschein saß. So etwas ist mir seit mehr als sieben Jahren nicht geschehen.“[83] Es erscheint zweifelhaft, ob die Behauptung seiner Biographin Mary Lutyens zutreffend ist, wonach Krishnamurti bereits in den späten zwanziger Jahren begonnen habe, diese höhere Wahrnehmungsfähigkeit zu unterdrücken. Sicherlich setzte er sie nicht aus Neugier ein, das hätte seinem hohen Charakteranspruch widersprochen. Er verfügte aber weiterhin nachweislich über eine bemerkenswerte Hellsichtigkeit, wie unter anderem aus einer Begebenheit belegt wird, die sein Freund Rodney Field überlieferte. Er ging in den frühen siebziger Jahren mit Krishnamurti am Strand spazieren und erwähnte beiläufig: „Ich nehme an, wenn jemand diesen Strand hellsichtig schauen könnte, würde er nicht so leer ausschauen. Es gibt Leute, die sehen Naturgeister...

Er unterbrach mich: „Der ganze Ort ist voll von ihnen; aber ich achte nicht sonderlich darauf.“

„Siehst Du sie jederzeit, wenn Du hier herauskommst?"

„Nur wenn ich es möchte."

Da wir dieses Thema nun ohnehin angesprochen hatten, ergriff ich die Gelegenheit, ihn über „unsichtbare Helfer" zu befragen.

„Glaubst Du, daß solche Wesen existieren?"

„Warum nicht?" erwiderte Krishnamurti. „Jede mitfühlende Person in dieser Welt würde einem anderen in Not geratenen Menschen helfen. Warum nicht auch auf der anderen Seite? Was ist daran so besonders?"[84] Hinweise über Krishnamurtis Hellsichtigkeit tauchen immer wieder in persönlichen Gesprächen auf, auch seine Bemerkungen über Engel. Manchmal kleidete er sie in scherzhafte kleine Geschichten ein, von denen Pupul Jayakar eine in ihrer Biographie überliefert.

„Die Atmosphäre im Raum war vibrierend und lebendig. Einmal sagte er. „Sie stellten mir zwei Engel zur Seite -, ich fand noch viele weitere im Laufe der Jahre." Er lachte sein volles Lachen und sagte: „Ich bin völlig ernst." Er hatte seit Jahren nicht mehr so gelacht. „Jetzt habe ich das Gefühl, daß ich einige von ihnen nicht mehr brauche." Er wandte sich an Radha Burnier und sagte: „Kann ich Dir zwei abgeben?" Wieder lachte er voller Freude, und doch war da auch eine Ernsthaftigkeit spürbar, mit der er uns etwas mitteilte."[85]

Auch mit Wesen der Schattenseite setzte sich Krishnamurti auseinander, im privaten wie im öffentlichen Leben. In einem kleinen Tempel in Tetu ereignete sich eine dieser Begebenheiten, die Mary Lutyens dokumentierte. „Auf dem Rückweg erzählte Krishnamurti Mary, daß ihm „etwas folge". Er „tat etwas" und sagte zu diesem Etwas: „Jetzt ist es genug." Danach hatte „es" sofort innegehalten. Einige Tage später, als sie wieder nach Tetu spazierten, erzählte Krishnamurti, er „habe am Tempel etwas gemacht, und 'ihm' befohlen, an seinem Platz zu bleiben".[86]

In speziellen Fällen scheint Krishnamurti sich auch um den Übergang von Verstorbenen in die geistige Welt gekümmert zu haben. In besonderem Maße scheint dies beim Tod von Indira Gandhi der Fall gewesen zu sein. In den Stunden nach der Ermordung der indischen Premierministerin saß er lange in Meditation versunken und war kaum ansprechbar. „Um vier Uhr nachmittags hatte er Indiras Gegenwart gespürt und gesagt, es sei wichtig, daß der Mind (Geist) still sei, damit sie Frieden finden könne. Ich sah, daß er tief bewegt war. Am nächsten Abend sagte er zu mir: „Halte keine Erinnerungen an Indira fest. Das bindet sie an die Erde. Laß sie gehen." Er machte eine Geste, als lasse er einen Vogel fliegen."[87]

In seinen öffentlichen Vorträgen setzte sich Krishnamurti vielfach kritisch mit den sogenannten „paranormalen oder okkulten Phänomenen" auseinander, wobei er nicht auf die Fähigkeiten als solche zielte, sondern auf ihre häufige Pervertierung. So wie die Meister, die Meditation, die Geistheilung oder die Anbetung des Heiligen verzerrt wurden, so bot auch die Hellsichtigkeit Anlaß für manche geistige Entgleisung. „Bleibe immer skeptisch Personen gegenüber, die behaupten, hellsichtig zu sein. Es ist nicht so, daß es keine Hellsichtigkeit gibt. Sie gibt es selbstverständlich. Aber stärkt es nicht die Eitelkeit, wenn man von sich glaubt, über Fähigkeiten zu verfügen, die andere nicht haben?"[88] In seiner Warnung lehnt sich Krishnamurti ganz an die alte indische Tradition an, nach der das Auftreten von geistigen Kräften als Gefahr und als zu überwindende Stufe auf dem Pfad galt. Wer z.B. Hellsichtigkeit nicht als gewissermaßen natürliche Wirklichkeit annahm, wie die Funktion der 'normalen' Sinne, lief Gefahr, das eigentliche Ziel des geistigen Weges aus den Augen zu verlieren. „Du magst hellsichtig oder hellhörig sein, aber wenn in dir nicht der Geist allumfassender Gedankenkraft und Liebe lebt, in vollendeter Ausgewogenheit, worin liegt dann der Wert der Fähigkeit, etwas Unsichtbares zu sehen? Es ist für deine eigentliche Bestimmung unwichtig."[89] Keine geistige Gabe oder Kraft besaß Bedeutung 'an sich'. Nur wenn sie als Instrument göttlicher Liebe diente und näher zum absoluten Geist führte, akzeptierte Krishnamurti ihre Wertigkeit.

Mystische Erlebnisse bestimmten Krishnamurtis ganzes Leben und sind von seiner 'Lehre' nicht zu trennen. Es wäre eine einschneidende und entstellende Verkürzung, wenn man die Wirklichkeit Krishnamurtis auf die sachliche Botschaft seiner Vorträge reduzieren würde. Die Bewußtseinstransformationen, die klare Erfahrung höherer Welten, charakterisieren in entscheidendem Maße die spirituelle Dimension Krishnamurtis. Er wurde schon früh mit außerkörperlichen Erfahrungen konfrontiert, die aufgrund seiner persönlichen Aufzeichnungen gut dokumentiert sind. In einem seiner Briefe aus dem Jahr 1922 schreibt er: „Dann konnte ich die Schwingungen des Herrn Buddha spüren; ich erblickte Herrn Maitreya und Meister K.H. Ich war so glücklich, ruhig und voller Frieden. Meinen Leib konnte ich noch sehen, und ich schwebte dicht über ihm. Es war eine solche tiefe Ruhe in der Luft und in mir selbst, die Ruhe auf dem Grund eines unauslotbar tiefen Sees. Und wie bei einem See fühlte ich, daß mein physischer Leib mit seinem Geist und Gefühlen zwar an der Oberfläche aufgerührt werden konnte, aber nichts, gar nichts, die

Ruhe meiner Seele stören könnte."[90] In seinem Buch „Königreich Glück", das Gespräche aus dem Ommen Lager von 1926 enthält, geht er auf seine Selbstversuche im indischen Ootacamund ein. „Ich erinnere mich, wie ich in Ooty, im Indischen Nilgiris, Versuche mit mir selbst anstellte, indem ich zu entdecken trachtete, wie ich mich loslösen und den Körper als das betrachten könnte, was er ist.

Sehr erfolgreich waren diese Versuche zunächst einmal nicht. Ich hatte zwei oder drei Tage damit herumprobiert - es kann auch eine Woche gewesen sein - und dann fand ich, daß ich für eine gewisse Spanne Zeit mit Leichtigkeit aus dem Körper hinaustreten und denselben betrachten konnte. Ich befand mich neben meinem Bett, auf dem der Körper lag, und ich schaute ihn an. Es war ein ungewöhnliches Empfinden.

Von jenem Tage an war der Begriff des Losgelöstseins von mir selbst und der Begriff der Scheidung zwischen dem Regierenden und dem Regierten mir so deutlich und lebendig geworden, so daß der Leib, obwohl er sein Begehren, seine Wünsche hat, hinauszuwandern und allein für sich selbst ein Individualdasein zu leben und zu genießen, doch in keiner Weise mit dem wahren Selbst in Konflikt kommt."[91] Diese Erfahrungen stellten Vorstufen für seinen eigenen geistigen Weg dar, der ihn später in größere Höhen der Verwirklichung führen sollte; aber man darf sie auch als Zwischenstufen nicht unbeachtet lassen. Interessanterweise sind die einschneidenden Transformationsphasen häufig mit einem Aufenthalt in Indien verbunden gewesen. Auch scheint Krishnamurti in Indien insgesamt stärker auf esoterische Lehren eingegangen zu sein als in Europa oder den USA. So etwa bei Yoga-Übungen mit der Tochter und dem Neffen von Pupul Jayakar. „Er zeigte ihnen, wie man richtig ging, stand, und wie man „von hinten“ sehen konnte: man mußte die Sehkraft nach hinten „fließen“ lassen und aus seinem Inneren heraus „sehen“. Er nahm sie auf lange Spaziergänge mit, beobachtete, lauschte und brachte auch ihnen bei, zu sehen und zu lauschen.“[92] Bei allem Weltbürgertum, das Krishnamurti auszeichnete und das er für sich vehement in Anspruch nahm, hegte er in einem Winkel seines Herzens wohl doch die Überzeugung, daß Indien, das Land der großen Rishis, noch immer über einen besonderen Zugang zum Heiligen, zum Göttlichen, verfügte. Das führte manchmal zu Ungereimtheiten, wenn er etwa auf der einen Seite die Verwendung von Mantras in der Meditation als Humbug oder abstumpfende Selbsthypnose abqualifizierte, andererseits in seinem „Journal“ notierte: „Der Klang von Sanskrit-Gesängen scheint eine seltsame Wirkung auszuüben. In einem Tempel, in dem ungefähr fünfzig Priester in Sanskrit sangen, schienen wahrhaft die Mauern zu vibrieren.“[93] Aber vielleicht spricht diese gelegentliche Inkonsequenz, wie Mary Lutyens einmal anmerkte, auch für seine Menschlichkeit, dafür, daß auch Krishnamurti kein absolut vollkommenes Wesen war.

Wenn Krishnamurti über esoterische Fragen sprach, zeigte sich auch hier sein außerordentlich hoher Anspruch und seine schonungslose Kritik an selbsternannten Gurus. Hochgeistiges Geschwätz ohne Arbeit an der eigenen Unvollkommenheit verabscheute Krishnamurti zutiefst. „Ich zweifele an jenen Menschen, die von der Erweckung der Kundalini sprechen; sie haben die eigentliche Arbeit noch nicht geleistet, aber sie sagen, sie haben die Kundalini erweckt. Daher bezweifele ich Ihre Fähigkeiten, ihre Wahrhaftigkeit. Ich bin nicht antagonistisch, aber ich stelle es in Frage. Wenn ein Mensch Fleisch ißt, öffentliche Anerkennung sucht und so weiter und sagt, er habe die Kundalini erweckt, dann halte ich das für Unsinn. Zuerst muß die ganze Zeit das 'Haus gereinigt werden'. ... Es gibt eine Energie, die sich selbst permanent erneuert, die nicht mechanistisch ist, die kein bestimmtes Ziel verfolgt, die anfang- und daher endlos ist. Es ist eine ewige Bewegung. Ich sagte, das ist so; aber welchen Wert besitzt dies für den Zuhörer? Ich sage „das ist so", und sie hören mir zu. Aber ich frage mich, welchen Wert hat dies für sie? Tauchen sie völlig in diese Welt ein und vergessen dabei, daß sie 'das Haus reinigen müssen'?"[94]

Krishnamurtis Zurückhaltung im Zusammenhang mit bestimmten transformatorischen Prozessen erklärt sich teilweise aus seiner Überzeugung, das Erfahrene könne nicht in alten Rastern und Modellen, mit überlieferungsbeladenen Worten erklärt werden. Die Erfahrung könne nur durch eigene Erfahrung geteilt und verstanden werden, so bsw. hinsichtlich der Veränderung von Zellstrukturen. „Erinnerung wird in den Gehirnzellen gespeichert. Wenn das Bewußtsein vollkommen transformiert ist, wird auch den Gehirnzellen eine Verwandlung zuteil. Es handelt sich um eine fundamentale Veränderung, die nicht in einer wissenschaftlichen Terminologie ausgedrückt werden kann. Bevor sie nicht selbst die Verwandlung erlebt haben, werden sie nicht verstehen, wovon ich spreche."[95] Was sich bei Krishnamurti bezüglich dieser Themen nicht eindeutig beantworten läßt, ist die Frage, ob er Transformationsprozesse, wie er selbst sie durchlebte, als allgemeine Stufen auf dem Pfad des geistigen Wachstums ansah, oder ob jeder Suchende seine jeweils eigenen, unterschiedlichen Erfahrungen sammeln mußte. Vergleicht man seine Erlebnisse mit der esoterischen Tradition, so läßt sich allerdings feststellen, daß es Phänomene waren, die im Grundsätzlichen nicht vom Bekannten abwichen.

Krishnamurti lebte in einer Verbundenheit mit der Natur, die vor ihn nur einen anderen Großen im Geiste auszeichnete - Franz von Assisi. Krishnamurti spürte das unendlich tiefe Bewußtsein der Felsen, mit ihrer äonenlangen Erfahrung; er begegnete den Bäumen mit großer Ehrfurcht und fragte beispielsweise bei den Spaziergängen am Rande der Saanen-Treffen vor dem Betreten des Waldes: „Dürfen wir eintreten?"

Tiere spürten sein sanftmütiges Wesen und näherten sich ihm ohne Scheu. Ein Langur-Affe gesellte sich einmal zu ihm, schaute ihn eine Weile an und reichte ihm dann seine feste und trotz der Kletterschwielen weiche Hand, wie ein Freund dem anderen. In Rishi Valley unterhielt er sich mit einem Hoopoe-Vogel wie mit einem guten alten Bekannten. Kein Wesen war zu unbedeutend für ihn; denn alles Leben der Natur war Teil seines eigenen Lebens und sein Wesen Teil seines eigenen Welteninnenraums.

Das Problem der Menschen des Industriezeitalters war nach Krishnamurtis Auffassung, daß sie die Ehrfurcht vor der Natur und die Achtung vor ihren Geheimnissen verloren hatten. Aber nur wenn diese Qualitäten zurückgewonnen werden konnten, würde die Natur den Schleier der Unsichtbarkeit von ihren Geschöpfen heben. „Wenn man sich einer Pflanze auf falsche Art und Weise nähert - mit Gier und Verlangen -, verschwindet sie, und man kann sie nicht finden. Man muß mit den Kräutern und den anderen Pflanzen sprechen. Man muß sie um Erlaubnis bitten, ehe man sie berührt, und man muß ihnen mit Bescheidenheit und Demut begegnen: „Darf ich dich anfassen, oder möchtest du, daß ich warte?" Denjenigen, die mit ihnen kommunizieren, schenken sie Duft und Licht."[96] Die Schlüssel zum Zugang der geheimnisvollen Naturreiche lagen im Herzen jedes einzelnen, und einer von ihnen konnte die Schönheit sein. Seine Tagebuch-Aufzeichnungen lassen in manchen tiefen Passagen etwas von Krishnamurtis Zugang zur Natur und seiner Bewunderung für ihre Schönheit erahnen. So in seinem Selbstgespräch über zwei Seerosen in seinem „Notizbuch". „Die zwei Seerosen waren die Freude des ganzen Gartens, selbst die großen Bäume blickten auf sie herab, ohne einen Schatten zu werfen; sie waren zierlich, geschmeidig und verharrten still in ihrem Teich. Wenn man sie betrachtete, fand alles Handeln zur Ruhe, die Gedanken und Gefühle verflüchtigten sich, und nur diese beiden blieben, in ihrer Schönheit und Stille. Sie waren voller Empfindsamkeit, wie alle Lebewesen, mit Ausnahme des Menschen, der ständig mit sich selbst beschäftigt ist. Während man diese beiden beobachtete, verwandelte sich die Welt, nicht in ein besseres Gesellschaftssystem, mit weniger Gewaltherrschaft, mehr Freiheit und ohne Armut, sondern es war eine Welt ohne Leid, ohne Sorgen und dauernde Ängste und ohne die mühselige Langeweile. Sie war verwandelt, weil es diese beiden gab, blau und mit goldenen Herzen. Es war das Wunder der Schönheit."[97]

Krishnamurtis besondere Liebe galt jedoch den Bäumen. Die einsamen Wochen, die er im „Giant Forest", im Sequoia-Nationalpark in Kalifornien, verbrachte, zählte er zu den schönsten seines Lebens. Die beiden nachfolgenden Auszüge, der erste aus einem Vortrag, der zweite aus seinem „Journal", eröffnen einen Zugang zu Krishnamurti, wie es kaum intensiver möglich ist. „Man mag zum Beispiel in Kommunion mit einem Baum sein oder mit einem Berg oder mit einem Fluß. Ich weiß nicht, ob Sie jemals unter einem Baum gesessen und wirklich versucht haben, mit ihm eines zu sein. Es liegt darin nichts Sentimentales, es ist kein Gefühlsrausch: Sie befinden sich in innigstem Kontakt mit dem Baum; es ist eine Beziehung von ungewöhnlicher Vertrautheit. In solch einer Kommunion muß Schweigen, muß ein tiefes Gefühl der Stille herrschen. Ihre Körper, ihre Nerven sind beruhigt; das Herz hört beinahe auf zu schlagen. Es gibt keine Interpretation, keine Gedankenverständigung, kein Beteiligtsein. Der Baum ist nicht Sie, noch werden Sie mit dem Baum identisch: Da ist nur dieses Gefühl der Vertrautheit in einem tiefen Schweigen.“[98]

Die Eintragung im „Journal“ bezieht sich auf die Stunden, die er in meditativer Stille unter einem der gigantischen Redwood-Bäume verbrachte. Wer noch nicht selbst die Majestät dieser erhabenen Wesen gespürt hat, wird nicht nachvollziehen können, was Krishnamurti in seinen Ausführungen ausdrücken will. Ein Hauch vom Zauber dieser Begegnung dürfte trotzdem herüberwehen. „Die lärmenden Touristen waren noch nicht gekommen, und man konnte allein sein mit diesem großen, schweigenden Einen. Er schien bis zum Himmel aufzuragen, wenn man unter ihm saß, riesig und zeitlos. Die Zahl der Jahre verlieh ihm diese schweigende Würde, die Vornehmheit des Alters. Er war so schweigsam wie das eigene Denken, so still wie das eigene Herz, und er lebte ohne die Last der Zeit. Man verspürte ein Mitgefühl, unberührt von Zeitlichkeit und eine Unschuld, die keine Schmerzen und kein Leid kannte. Man saß hier, und die Zeit zog vorbei, ohne Wiederkehr. Hier war Unsterblichkeit, denn es gab niemals den Tod. Nichts existierte, nur dieser riesige Baum, die Wolken und die Erde. Man ging zu diesem Baum und saß lange Zeit jeden Tag zu seinen Füßen, und erst als man abreiste, wurde man sich seines Segens bewußt. Man konnte niemals mehr zu ihm zurückkehren und um mehr bitten, denn es gab kein mehr, das Mehr lag im fernen Tal. Dieser gesegnete Ort war nicht von Menschenhand erbaut, und daher barg er eine unergründliche Heiligkeit, die einen nie wieder verlassen würde, denn es war nicht die eigene."[99]

Von der „Vereinigung mit dem Geliebten", wie es der junge Krishnamurti nannte, bis hin zur Berührung des „namenlosen Ursprungs, der absoluten Stille", wie er es in seinen letzten öffentlich gesprochenen Sätzen bezeichnete - die Erfahrung der „unio mystica" bildete das Herzstück seines Lebens. Immer wieder kreisten Krishnamurtis Gedanken um dieses unaussprechliche Mysterium, das er in stets neue Worte zu kleiden versuchte, um es verständlich zu machen. Ein Unterfangen, an dem er scheitern mußte, wie alle anderen großen Mystiker vor ihm. Wer keine Ohren hatte zu hören, der vernahm nichts; und wer keine Augen hatte zu sehen, der erschaute nichts.

1931 kommt Krishnamurti in Ommen auf eine seiner Verwirklichungen zu sprechen, die sich fünf Jahre zuvor ereignet hatte. „Ich erfuhr in 1926 etwas, das endgültig und fundamental ist und keine Zielgerichtetheit aufweist. Bitte versteht, daß es sich nicht weiterentwickelt, sondern etwas ist, daß absolut ist, obwohl es nichts mit einem Ende gemeinsam hat; es ist eine unaufhörliche Erneuerung, das Leben selbst; es ist zeitloses Werden und kann mit Worten nicht beschrieben werden."[100] Dieser großen Einheitserfahrung waren andere vorausgegangen, darunter diejenige, die er in einem Brief vom August 1922 beschreibt. „Am ersten Tag, als ich mich in diesem Zustand befand und der Dinge um mich mehr bewußt war, hatte ich das erste äußerst merkwürdige Erlebnis. Es war da ein Mann, der den Weg ausbesserte, dieser Mann war ich selbst, sogar der Stein, den er herausbrach, war ein Teil meiner selbst, der zarte Grashalm war ich, und auch der Baum neben dem Mann war ich. Ich konnte fast fühlen und denken wie der Straßenarbeiter, und ich konnte spüren, wie der Wind durch den Baum fuhr, und die kleine Ameise auf dem Grashalm konnte ich auch spüren. Die Vögel, der Staub und selbst die Geräusche waren ein Teil von mir. Im gleichen Augenblick fuhr in einiger Entfernung ein Wagen vorbei, ich war der Fahrer, der Motor und die Reifen; als der Wagen sich weiter von mir entfernte, entfernte ich mich auch von mir selbst. Ich war in allem oder vielmehr war alles in mir, unbeseelt und beseelt, der Berg, der Wurm und alle atmenden Dinge."[101] 1961, nahezu vierzig Jahre später, ist die Dynamik jenes mystischen Erfahrungsprozesses ungebrochen. Seine „Notizbuch"-Eintragung vom 20. Juli 1961 enthält eines der bewegendsten Zeugnisse von Krishnamurtis Erleben und stellt eines der großen, zeitlosen Dokumente mystischer Einheitserfahrung dar. „Der Raum war erfüllt von dieser Segnung. Was dann folgte, ist nahezu unmöglich mit Worten zu beschreiben; Worte sind solche toten Dinge, mit festgesetzten Bedeutungen, und was geschah vollzog sich jenseits aller Worte und Beschreibungen. Es war das Zentrum der Schöpfung; es war eine Reinigung von großer Ernsthaftigkeit, die das Gehirn von allen Gedanken und Gefühlen befreite; eine Ernsthaftigkeit wie jene eines Blitzschlages, der zerstört und verbrennt; eine Tiefe, die nicht auszuloten war, unbeweglich und undurchdringlich, eine Gewißheit, die dem Licht der Himmel glich. Es erfüllte die Augen und den Atem. Es erfüllte die Augen, und die Augen konnten sehen. Die Augen, die sahen, die erschauten, waren gänzlich verschieden von den physischen Augen, und doch waren es die gleichen Augen. Es war nur Schauen, und die Augen blickten jenseits von Raum und Zeit. Es war unergründliche Göttlichkeit mit einem Frieden, der das Wesen aller Bewegung, allen Geschehens ausmachte."[102]

Was Krishnamurti über den in Selbstversunkenheit glücklichen Mystiker hinaus auszeichnet, ist seine unermüdliche Bereitschaft, sein Licht in der Welt leuchten zu lassen und die Überzeugung von der gesellschaftlichen Relevanz mystischer Transformation. Der Mystiker verwandelt nicht nur sein niederes Selbst, sondern in seiner Metamorphose wird auch die gesamte Menschheit umgeformt. „Es sind sehr, sehr wenige, aber diese wenigen können das gesamte Bewußtsein der Menschheit beeinflussen. - Wenn ein paar Menschen dem Kummer ein Ende setzen, dann wird das gesamte Bewußtsein davon beeinflußt."[103]

Es kann wohl für niemanden, der sich mit dem Leben Krishnamurtis befaßt, ein Zweifel bestehen, daß er einer der wenigen „Großen im Geiste" war, der vom Licht der Gottheit berührt wurde. Seine grenzenlose Liebe und seine tiefe Demut öffneten das Tor, durch das der unendliche Geist Einkehr nehmen konnte. Im Gegensatz zum klassischen Advaita, etwa eines Ramana Maharshis, ging Krishnamurti allerdings nicht davon aus, seine Erfahrung stelle das Ende aller möglichen Erfahrungen dar. Gerade die Tiefe seiner Schau ließ ihn - wie zur gleichen Zeit auch Sri Aurobindo - die Unermeßlichkeit des Absoluten erahnen und, bei aller potentiellen

Göttlichkeit, die Begrenztheit menschlichen Erkennens. In bewegender Weise drückte er dies einmal in einem sehr persönlichen Gespräch mit Susunaga Weeraperuma aus. Dieser erinnert sich: „Jener Abend, an dem Krishnamurti mit tiefer Bewegtheit auf das Unendliche zu sprechen kam, zählt zu meinen glücklichsten Erinnerungen. „Glaube mir, ich erschaue nur ein Bruchstück des Unendlichen", sagte er. Dann, nachdem er sich die Tränen von seinem verzückten Gesicht abgewischt hatte, fügte er hinzu: „Das Unendliche ist von solcher ungeheuerlichen Unfaßbarkeit, daß du es niemals in seiner Ganzheit erschauen kannst."[104]

Mit dieser Aussage setzt sich Krishnamurtis revolutionärer Ansatz auf der tiefsten Ebene fort. Die bisher als finale Erfahrung gedeutete „unio mystica" gewinnt aufgrund seiner Ein-Sicht eine neue Dynamik. Sie wird nicht mehr als End- sondern als Anfangspunkt verstanden, wie Krishnamurti schon in seiner theosophischen Periode andeutete, als er Erleuchtung nicht als Auflösung, sondern als Neubeginn charakterisierte. Die Erfahrung des Göttlichen ist nie abgeschlossen, ewig neu, von unbeschreiblicher Schönheit und Herrlichkeit erfüllt. ES bleibt für immer ein Geh-heim-nis. „Es ist nicht möglich, eins mit ihm zu sein; es ist nicht möglich, eins mit einem schnell fließenden Fluß zu sein. Du kannst niemals eins sein mit jenem, das ohne Form, ohne Maß und ohne Eigenschaft ist. Es ist; das ist alles."[105]

BIBLIOGRAPHIE

I. BIOGRAPHISCHE SCHRIFTEN

Jayakar, Pupul, Krishnamurti - Leben und Lehre, Freiburg 1988

Lutyens, Emily, Candles in the Sun, London 1957

Lutyens, Mary, Krishnamurti - Jahres Erwachens, München 1981

dies., K.-The Years of Fulfillment, New York 1984

dies., K.-The Open Door, London 1988

dies, Krishnamurti, Grafing 1991

Michel, Peter, Krishnamurti - Liebe und Freiheit, Grafing 1992

Weeraperuma, Susunaga, Krishnamurti as I knew him, Bombay 1988

II. WERKAUSWAHL

Vertrauen zum Leben, München 1954

Schöpferische Freiheit, München 1956

Journal, London 1982

Selbstgespräche - Das letzte Tagebuch, Grafing 1989

Die Vorträge in Washington, Grafing 1990

Die Zukunft ist jetzt, Frankfurt 1992

Über die Liebe, Grafing 1996

Das Notizbuch, Frankfurt 1996

Einbruch in die Freiheit, Grafing 1997

ANMERKUNGEN

[1] Vgl. Mary Lutyens, Krishnamurti, Grafing 1991, S.29
[2] Emily Lutyens, Candles in the Sun, London 1957, S.110
[3] Pupul Jayakar, Krishnamurti, Freiburg 1988, S.346
[4] Mary Lutyens, Krishnamurti - Jahre des Erwachens, München 1981, S.179
[5] Herald of the Star 1/1912
[6] Vgl. E.Lutyens, a.a.O., S.142
[7] Annie Besant, Vortrag in Wien 1927 (unveröff. dt. Nachschrift), S.12
[8] G.Hodson, Thus have I heard, Adyar 1947, S.107
[9] Herald of the Star 2/1912, S.33 ff.
[10] Mary Lutyens (1991), S.61 f.
[11] A.J.G.Methorst-Kuiper, Krishnamurti, Bombay 1976, S.21 f.
[12] Mary Lutyens (1981), S.190
[13] Jayakar, a.a.O., S.60
[14] Mary Lutyens (1991), S.92 f.
[15] A Discussion at Eerde, International Star Bulletin 11/1928, S.9
[16] Mary Lutyens (1981), S.267
[17] Emily Lutyens, a.a.O., S.172
[18] Mary Lutyens (1981), S.317 ff.
[19] Jayakar, a.a.O., S.408
[20] Mary Lutyens, Krishnamurti - The Years of Fulfillment, New York 1984, S.157
[21] dies., The Open Door, London 1988, S.131
[22] Krishnamurti, Fragen und Antworten, München 1985, S.131
[23] Emily Lutyens, a.a.O., S.68 f.
[24] Mary Lutyens (1991), S.169 f.
[25] ebd., S.239
[26] ebd., S.251
[27] ebd., S.233
[28] Jayakar, S.463
[29] Ingram Smith, Truth is a Pathless Land, Wheaton 1989, S.120
[30] Radhika Herzberger in: Krishnamurti, The Future is Now, San Francisco 1989, S.20 f.
[31] Krishnamurti, Schöpferische Freiheit, München 1956, S.63
[32] Jayakar, a.a.O., S.191
[33] ebd.
[34] Krishnamurti, The Future is Now, San Francisco 1989, S.152
[35] Krishnamurti, Vertrauen zum Leben, München 1954, S.24
[36] Vimala Thakar, Meine Begegnung mit Krishnamurti, Grafing 1989, S.14 f.
[37] Mary Lutyens (1988), S.45
[38] Krishnamurti, Vertrauen zum Leben, München 1954, S.14
[39] Jayakar, S.230
[40] ebd., S.238 f.
[41] Vertrauen zum Leben, a.a.O., S.17
[42] John White, Was ist Erleuchtung?, Freiburg 1988, S.143
[43] Krishnamurti, Der Weg aus dem Chaos, Berlin 1987, S.88
[44] Krishnamurti, Leben ohne Illusion, Hopferau 1982, S.18
[45] Jayakar, S.400
[46] Krishnamurti, Die Vorträge in Washington, Grafing 1990, S.72
[47] Mary Lutyens (1988), S.58
[48] Emily Lutyens, S.109
[49] Mary Lutyens (1991), S.236 f.
[50] Jayakar, S.405
[51] ebd., S.410 f.
[52] Mary Lutyens (1991), S.188
[53] Krishnamurti, Die andere Dimension, Gespräche in Saanen 1966, Berlin (o.J.), S.37
[54] Vertrauen zum Leben, a.a.O., S.41
[55] ebd., S.58 f.
[56] Krishnamurti, Ausgewählte Texte, München 1988, S.188
[57] Gespräche in Saanen 1968, S.27

[58] Krishnamurti, Welt des Friedens, München 1985, S.15
[59] Mary Lutyens (1991), S.101
[60] Krishnamurti, Aus dem Schatten in den Frieden, Berlin 1987, S.31
[61] Vertrauen zum Leben, a.a.O., S.59
[62] Jayakar, S.212 f.
[63] Ausgewählte Texte, a.a.O., S.171
[64] Jayakar, S.374
[65] Krishnamurti, Later Talks Vol.I, Bombay 1974, S.128 f.
[66] Krishnamurti, Einbruch in die Freiheit, Berlin 1985, S.18
[67] Vgl. Peter Michel, Krishnamurti - Freiheit und Liebe, Grafing 1992
[68] Vimala Thakar, a.a.O., S.61
[69] Jayakar, S.252
[70] ebd., S.139
[71] Krishnamurti, Gespräche über das Sein, München 1982, S.129
[72] Krishnamurti's Notebook, London 1985, S.206
[73] Rom Landau, God is my adventure, London 1964, S.213
[74] Emily Lutyens, a.a.O., S.185 f.
[75] Jayakar, S.301
[76] ebd., S.93
[77] Mary Lutyens (1991), S.148
[78] Krishnamurti, frei sein, Bern (o.J.), S.18
[79] Einbruch in die Freiheit, a.a.O., S.73
[80] Mary Lutyens (1991), S.210
[81] Krishnamurti, Die Vorträge in Washington, a.a.O., S.61
[82] Early Writings, Bd.V, Bombay 1969, S.110
[83] Mary Lutyens (1981), S.190
[84] Rodney Field, The reluctant messiah, New York 1989, S. 125 f.
[85] Jayakar, S.358
[86] Mary Lutyens (1988), S.92
[87] Jayakar, S.346
[88] S. Weeraperuma, Krishnamurti as I knew him, Bombay 1988, S.153
[89] Early Writings, Bd.IV, S.154
[90] Mary Lutyens (1981), S.188
[91] Krishnamurti, Königreich Glück, Jena 1929, S.76
[92] Jayakar, S.206
[93] Krishnamurtis Journal, London 1982, S.63
[94] Krishnamurti, Exploration into insight, London 1979, S.90 f.
[95] Weeraperuma, a.a.O., S.150
[96] Jayakar, S.386
[97] Notebook, S.218
[98] Krishnamurti, In Kommunion mit dem Leben, Zeppelinheim 1981, S.40 f.
[99] Journal, S.67
[100] Early Writings, Bd.VI, S.101
[101] Mary Lutyens (1981), S.187
[102] Notebook, S.27
[103] John White, Was ist Erleuchtung, a.a.O., S.161
[104] Weeraperuma, a.a.O., S.43
[105] Notebook, S.39